DOM을 깨우치다

가치에 대한 완전한 이해

DOM Enlightenment

by Cody Lindley

Exploring JavaScript and the Modern DOM

코디 린들리 지음 | 안재우 옮김

DOM을 깨우치다

가치에 대한 완전한 이해

O'REILLY®

<u>추천사</u>

나는 웹 사이트를 만든다. 때로는 음악을 만들기도 한다. 지난 몇 년 동안 자기 자신을 창의적인 유형으로 간주하는 일부 음악가들(독학인 경우가 많다)의 흥미로운 행동 패턴에 주목해왔다. 그들은 음악 이론을 배우는 것에 혐오감을 표출한다. 그들이 말하는 논리는 음악의 이면에 있는 이론을 알게 되면 자신들의 창의적인 능력이 어떻게든 제약을 받게 된다는 것이었다. 나는 절대 그 논리를 이해할 수 없다(실은 그것이 자신의 수양이 부족한 것에 대한 변명에 불과하다고 믿는다). 그리고 어떠한 종류의 지식이나 깨우침이든지 나쁜 결과를 만들어낸다고 생각하지 않는다.

슬프게도, 웹 디자인의 세계에서도 동일한 유형의 논리를 본 적이 있다. 마크업과 CSS를 작성하는 방법을 모를 뿐만 아니라 배우는 것도 아예 거부하는 디자이너들이 존재한다. 그들도 역시 그 지식이 무엇인가를 제약할 것이라는 공포감을 언급한다(이것도 자기 정당화를 위한 변명이라 믿는다).

프론트 단 개발 세계에서 이러한 태도는 다행히 널리 퍼져 있지는 않다. 대부분의 웹 개발자들은 항상 더 배워야 할 것이 존재한다고 생각한다. 그러나 HTML과 CSS에 대해 백과사전급의 지식을 가지고 있는 개발자들 간에도 Document Object Model과 관련해서는 상당한 지식 격차가 존재한다. 이런 상황을 이해할 수 있다. 왜냐하면 jQuery와 같은 라이브러리를 사용하는 중이라면, DOM 내부의 동작 원리를 이해할 필요가 없기 때문이다. JavaScript 라이브러리의 요점은 브라우저의 내부 API를 추상화하고 그 대신에 더 나은 다른 API를 제공하는 것이다.

그럼에도 불구하고, 나는 많은 프론트 단 개발자들이 내부에서 어떤 일이 일어나는지를 알 필요가 있다는 것을 느낀다고 생각한다. 이는 바람직한 개발자라면, 자신이 작업할 시스템에 대해 표현하게 되는 자연스러운 반응이다. 이제 『DOM을 깨우치다』 덕분에 그 자연스러운 열망을 해소할 수 있게 되었다.

더글라스 크락포드(Douglas Crockford)는 저서인 『자바스크립트 핵심 가이드』에서

JavaScript 언어의 내부 동작 원리에 대해 이해할 수 있는 지도를 제공해줬다. 이제 코디 린들리(Cody Lindley)가 우리에게 Document Object Model에 대한 지침을 제공해주고 있다. 이 지침서로 무장하면, DOM의 통로와 터널을 똑바로 걷기 위한 필요한 지식을 얻게 된다.

이 지식을 모든 프로젝트에서 사용할 수 있는 것은 아닐 것이다. 그 대신 jQuery와 같은 라이브러리를 사용하겠다고 선택할 수도 있다. 라이브러리밖에 아는 것이 없어서 이를 사용할 수밖에 없는 것이 아니라, 라이브러리의 사용 여부와 시점을 선택할 수 있게 된다. 이는 강력한 성취감이며, 지식이 부여해주는 것이다. 이것이 진정한 깨우침이다.

— 제레미 키스(Jeremy Keith): clearleft.com의 설립자이자 기술 이사이며,
『DOM 스크립트』의 저자

서문

이 책은 DOM 스크립팅이나 JavaScript에 대한 포괄적인 참고서가 아니다. 하지만 라이브러리/프레임워크를 사용하지 않으면서 HTML DOM에 대해 가장 철저하게 다룬 책이라 할 수 있다. 이 주제를 다룬 책이 없었던 점에는 이유가 있다. 대부분의 기술 저자들은 이 주제에 대해 논쟁하는 것을 꺼려하는데, 과거 브라우저들 간에 DOM 사양을 구현한 것이 서로 달랐기 때문이다.

이 책의 목적상, 최신의 DOM을 소개하기 위해 브라우저 API의 혼란이나 사라져가는 브라우저 간의 차이점에 대해 다루는 것을 피하려고 한다. 현재에 초점을 맞추기 위해 보기 흉한 것들은 회피하겠다는 것이다. 어쨌든 우리에게는 브라우저의 추한 문제들을 처리하기 위한 jQuery와 같은 해결책이 있는데다, 더 이상 사용되지 않고 앞으로 사라질 브라우저들을 다뤄야 할 때는 절대적으로 jQuery와 같은 것을 활용해야 한다.

DOM 스크립팅과 관련하여 있는 그대로만 사용하도록 권장하지는 않지만, DOM 스크립트를 작성할 때 항상 DOM 라이브러리가 있어야 하는 것은 아니라는 점을 개발자들이 깨닫기 바라며 이 책을 썼다. 또한 단일 환경(예: 단일 브라우저, 모바일 브라우저, PhoneGap과 같은 것을 통한 HTML+CSS+JavaScript와 네이티브 연동)에서 JavaScript 코드를 작성하게 될 운 좋은 이들도 그 대상이다. 이 책에서 배워야 할 점은 이상적인 상황에서는 굳이 DOM 라이브러리가 필요하지 않다는 것이다. 예를 들어, WebKit 모바일 브라우저에만 배포하는 경우에는 경량화된 DOM 스크립팅을 사용하면 된다.

이 책의 독자 대상

이 책을 쓸 때, 두 가지 유형의 개발자를 염두에 두었다. 두 유형 모두 JavaScript, HTML, CSS에 대해 중급~고급의 지식을 이미 가지고 있다고 가정했다. 첫 번째 유형은 JavaScript나 jQuery를 잘 다루지만, jQuery와 같은 라이브러리의 목적과 가치에 대해서는 이해하려고 해본 적이 없는 개발자다. 이 책에서 지식을 얻고 나면, 해당 개발자는 DOM 스크립트로 작성할 때 jQuery가 제공해주는 가치에 대해 완전하게 이해할 수 있게 될 것이다. 가치뿐만 아니라, jQuery가 DOM을 어떻게 추상화했는지와 jQuery가 그 간극을 어디서 어떻게 채우고 있는지를 알게 된다. 두 번째 유형의 개발자는 최신 브라우저에서만 구동되거나, 여러 개의 OS 및 장치로 배포(예: PhoneGap)될 네이티브 코드로 포팅될 예정이고 라이브러리 사용 시의 오버헤드(예: 크기)를 피해야 하는 상황에서 HTML 문서에 대한 스크립트를 작성해야 하는 사람들이다.

기술적 의도, 허가, 제한사항

이 책을 읽기 전에 다음과 같은 기술적인 의도, 허가, 제한사항을 먼저 이해하기 바란다.

- 이 책에 포함된 내용과 코드는 최신 브라우저(IE 9+, Firefox 최신 버전, Chrome 최신 버전, Safari 최신 버전, Opera 최신 버전)를 염두에 두고 작성되었다. 필자의 목표는 최신 브라우저에서 기본적으로 지원되는 개념과 코드만을 포함하는 것이었다. 이 목표를 감행하기 위해, 이 사실에 대한 주의를 환기하고자 한다. 이 책에서는 최대한 특정 브라우저에 한정되어 있거나 최신 브라우저 중 소수에서만 구현된 것을 포함하지 않으려고 노력하였다.

- 이 책에서는 특정 DOM, CSS, HTML 사양에 집착하지 않으려고 노력했다. 작업 중인 사양의 개수나 사양을 올바르게 구현한 브라우저의 이력과 상태까지를 다루는 것은 너무 많은 일을 떠맡게 된다(그럴만한 가치도 없다고 본다). 따라서 여러 사양(Document Object Model (DOM) Level 3 Core Specification, DOM4, Document Object Model HTML, Element Traversal Specification, Selectors API Level 2, DOM Parsing and Serialization, HTML 5 Reference, HTML 5-A vocabulary and associated APIs for HTML and XHTML, HTML Living Standard, "HTML: The Living Standard," Developer version, DOM Living Standard)으로부터 내용을 가져왔고 주관적인 기준으로 균형을 맞췄다. 이 책의 내용은 커뮤니티를 기반으로 하며, 특정 사양을 독단적으로 표현하려고 하는 시도는 자제하였다.

- DOM에 한정되지 않은 일부 항목들도 다루고 있다. 이 항목들을 이 책에 넣은 이유는 여러분이 CSS 및 JavaScript와 DOM 간의 관계를 적절히 이해할 수 있게 하기 위해서다.

- XML이나 XHTML과 관련된 자세한 사항은 의도적으로 배제하였다.

- 책 분량을 가볍게 만들기 위해 form 및 table API들을 의도적으로 제외했다. 하지만 향후에는 이 부분들이 추가될 수도 있을 것이다.

라이선스

이 책은 다른 프로그래밍 서적과는 다르다

시작하기 전에, 이 책에서 사용된 다양한 스타일을 이해하는 것이 중요하다. 이러한 고유 스타일을 이해하는 데 도움이 되는 중요한 정보를 포함하고 있으므로 이번 절을 건너뛰지 말기 바란다.

『DOM을 깨우치다』는 장황한 설명이나 통째로 만들어진 프로그램 대신, 작고 독립되어 즉시 실행이 가능한 코드를 선호하는 스타일로 작성되었다. 필자가 좋아하는 저자 중 한명인 C.S. Lewis는 말은 사람에게 전달되는 의사소통에 있어 가장 저급한 형태라고 주장했다. 필자는 이 주장에 전적으로 동의하며, 이것을 이 책의 스타일을 위한 기반으로 삼았다. 기술적인 정보는 최대한 단어를 줄이고, 적절한 분량의 실행 가능한 코드와 생각을 표현하는 데 필요한 주석을 함께 사용하면 가장 잘 다룰 수 있다고 본다. 이 책의 스타일은 짧은 단어들로 명확하게 정의된 생각을 제시하고, 실제 코드로 보충하도록 노력하였다. 이 때문에 먼저 이 개념을 받아들여서 코드를 실행하고 분석해봐야 한다. 그러고 나면 해당 개념을 기술하는 데 사용된 단어들에 대해 정신적인 모델을 형성하는 토대가 될 것이다. 뿐만 아니라, 이 책의 형태는 개념을 구조상 가장 작은 형태로 분할하여 각각을 독립된 맥락으로 살펴볼 수 있도록 노력하였다. 이러한 모든 사항은 이 책이 방대한 주제에 대해 장황한 설명과 깊이 있게 다루는 책은 아님을 의미한다. 일반적인 것보다 훨씬 간단명료하고 간결한 설명서라고 보면 되겠다.

색상 및 코딩 관례

예제 코드에서 굵은 글씨는 논의 중인 개념과 직접적으로 관련된 코드를 강조하는 데 사용되었다. 굵은 글씨로 된 코드를 지원하기 위한 나머지 코드들은 표준 글꼴로 되어 있다. 주석은 회색으로 표시되었다. 다음은 그 예다.

```html
<!DOCTYPE html>
<html lang="en">
<body>
<script>
// 코드 특정 부분에 대한 주석
var foo = 'calling out this part of the code';

</script>
</body>
</html>
```

jsFiddle

이 책의 예제 코드의 대부분은 관련된 jsFiddle 페이지(http://jsfiddle.net)에 대한 링크를 가지고 있는데, 여기서 코드를 수정해보거나 온라인상에서 실행해볼 수 있다. jsFiddle 예제는 독자들이 이 책에서 console.log를 볼 수 있도록 Firebug lite-dev 플러그인을 사용하도록 구성되었다. 이 책을 읽기 전에 console.log의 사용법과 목적에 대해 숙지하기 바란다.

예제 코드가 jsFiddle에서 호환성 문제가 있는 경우에는 라이브 예제에 대한 링크를 제공하지 않았다.

예제 코드 사용

이 책은 여러분의 작업을 돕기 위해 존재한다. 일반적으로 이 책에 포함된 예제 코드를 여러분의 프로그램이나 문서에서 사용하고자 하는 경우가 있을 수 있다. 코드의 상당 부분을 재간행하지 않는 한, 승인을 받기 위해 우리에게 연락할 필요는 없다. 예를 들어, 이 책의 여러 위치에서 가져온 코드를 사용하는 프로그램을 작성하는 것은 승인을 필요로 하지 않는다. 이 책의 예제 CD-ROM을 판매하거나 배포하는 것은 승인이 필요하다. 질문에 대해 이 책을 인용하여 답변하거나 예제 코드를 인용하는 것은 승인이 필요 없다. 하지만 이 책의 예제 코드의 상당 부분을 여러분 제품의 문서에 포함시키는 것은 승인이 필요하다.

반드시 필수는 아니지만, 저작자 표시를 해주면 감사하겠다. 저작자 표시에는 통상적으로 제목, 저자, 출판사, ISBN이 포함된다. 예를 들면, 다음과 같다.

『DOM을 깨우치다』 코디 린들리 지음 / 안재우 옮김, 978-89-94774-51-0

예제 코드를 활용하고자 하는 것이 앞에 언급된 승인 범위를 넘어가는 것으로 판단되면, 부담 없이 bjpublic@bjpublic.co.kr로 연락하기 바란다.

이 책의 웹 페이지인 http://oreil.ly/dom-enlightenment에서는 정오표, 예제, 기타 정보 등을 제공하고 있다.

표지 소개

표지에 있는 동물은 큰소쩍새(Pemba Scops Owl, 학명 Otus pembaensis)다.
표지 이미지는 베르나르(Bernard)의 자연이야기(Historie Naturelle)에서 가져왔다.

저자 소개

코디 린들리(Cody Lindley)

클라이언트 엔지니어(프론트 단 개발자)이며 과거 Flash 개발자로 HTML, CSS, JavaScript, Flash, 웹 개발과 관련된 클라이언트 측 성능 향상 기법 등에 대해 탄탄한 전문 지식과 경험(11년 이상)을 가지고 있다. 클라이언트 코드에만 국한되지 않고, 인터페이스/상호 작용 디자인을 가지고 놀거나, 집필 활동을 하고 다양한 컨퍼런스에서 강의를 하기도 한다. 컴퓨터 앞에 앉아 있지 않을 때는 아이다호주의 보이시에 있는 아내와 아이들과 시간을 보내거나, 트라이애슬론, 스키, 산악 자전거, 로드 자전거, 산악 등반, 독서, 영화 감상, 기독교 철학에 대한 합리적인 근거를 논의하는 데 시간을 보낸다.

안재우

과거 닷넷엑스퍼트 수석컨설턴트로 10년이 넘도록 다양한 분야에서 컨설팅과 프로젝트를 수행한 경험을 가지고 있으며, 현재는 엔씨소프트에서 플랫폼 기술 기획을 담당하며 플랫폼의 영역을 넓히고 지속적인 품질 향상을 위해 노력하고 있다. 서버 기술과 아키텍처, ALM(Application Lifecycle Management)에 관심이 많다.

블로그: http://blog.naver.com/saltynut

페이스북: http://www.facebook.com/saltynut

이 책은 제목 그대로 DOM(Document Object Model)에 대한 책이다. 사실 처음 이 책을 봤을 때 상당히 의외라는 생각이 들었다. 이미 jQuery와 같은 JavaScript 프레임워크/라이브러리를 사용하는 것이 당연시된 시대에 DOM을 다루는 것이 의미가 있을까라는 의구심이 들었기 때문이다.

그럼에도 불구하고 이 책의 번역을 진행하게 된 이유는 웹 개발자라면 당연히 DOM에 대한 지식을 갖추고 있어야 하지 않은가라는 생각을 나 자신 역시도 가지고 있기 때문이었다. 과거에 만나 본 웹 개발자들 중에서 DOM에 대한 기본적인 개념도 이해하지 못한 채, 남들이 작성한 코드를 그냥 Copy & Paste하면서 사용하기만 하는 경우를 너무나 많이 봐왔다. 이러한 사람들에게 조금 다른 문제를 던져주면 상당히 오랜 시간이 걸리거나 심지어 해결을 하지 못하는 경우도 있었다. DOM의 구조만 이해하고 있다면, 사실은 똑같은 문제인데 말이다.

사실 이런 생각을 가지는 것에는 내가 웹 프로그래밍을 하던 시절에는 jQuery와 같은 멋진 프레임워크가 없었기에, DOM을 직접 다룰 수밖에 없었기 때문일 수도 있다. 그리고 최근 몇 년간 웹 프론트 단 프로그래밍을 할 일이 별로 없었기에, 고백컨대 내가 jQuery를 써본 것은 얼마되지도 않았다. DOM을 직접 다루면서 했던 수많은 노가다(?)들을 jQuery와 같은 프레임워크들이 획기적으로 줄여주는 것을 보고 얼마나 감탄했는지 모른다. 그 때문에 jQuery와 같은 라이브러리가 얼마나 가치 있는지를 알기도 하고, 이해하고 사용하는 것도 전혀 어렵지 않았다. 이러한 측면을 본다면 DOM에 대해 직접 다뤄본 경험이 분명히 도움이 된다고 말할 수 있을 듯 하다.

jQuery와 같은 프레임워크를 직접 만들어보겠다는 원대한 야망(?)을 가지고 있는 개발자라면 이 책은 귀중한 자료가 될 것이다. 꼭 처음부터 직접 만들지 않더라도 JavaScript 프레임워크/라이브러리 오픈소스 프로젝트에 참여해보고 싶은 사람에게도 큰 도움이 되리라 생각한다.

여러 가지 측면에서 이 책은 전무후무한 책이 아닐까 싶다. DOM이라는 주제에 국한해서 다루는 것도 그렇고, 책 내용 전체에 걸쳐 예제 코드 기반으로 설명하고 있는 것도 그렇다. DOM 사양이나 SDK 레퍼런스의 설명들을 읽으면서 머리를 싸매지 않아도 된다는 것은 커다란 장점이다. 원래 개발자는 장황한 문장과 그림을 늘어놓는 것보다 코드로 말해야 하지 않는가. 받아 들이는 입장에서도 예제 코드가 더욱 이해하기 쉽고, 나중에 참고하기도 편하다. 참고로 예제 코드 기반으로 되어 있는 책의 특성상, 이 책은 별도의 색인을 매기지 않았다. 원서에도 색인이 없는데다, 결국 매기다 보면 DOM 개체, 메서드, 속성에 대한 색인이 될 듯 하여 번역서에서도 생략하였다.

나와 같은 공감을 하는 독자가 얼마나 될지는 모르겠지만, 이 책은 아마도 오랫동안 책상 위의 손 닿는 위치에서 자리를 차지하고 있을 것이라 생각한다. 이러한 기본 원리를 다루는 책은 세월이 지나도 절대로 버릴 이유가 없기 때문이다. 아무쪼록 이 책과 이 책에 투자한 내 조그마한 노력이 많은 개발자에게 도움이 되기를 빈다.

목차

12장. dom.js 만들기: 최신 브라우저용 jQuery 유사 DOM 라이브러리 179

1.1 문서 개체 모델(Document Object Model, DOM으로 알려짐)은 자바스크립트 Node 개체의 계층화된 트리다

HTML 문서를 작성할 때에는 HTML 콘텐츠를 다른 HTML 콘텐츠 내에 캡슐화하게 되는데, 이를 통해 트리(tree)로 표현 가능한 계층 구조가 만들어진다. 대개 이러한 계층 구조나 캡슐화 시스템은 HTML 문서 내에서 들여쓰기 표시를 통해 시각적으로 표시된 다. 브라우저는 HTML 문서를 로딩 시 이 계층 구조를 해석해서 마크업이 어떻게 캡슐 화되었는지를 보여주는 노드 개체 트리를 생성한다.

```
<!DOCTYPE html>
<html lang="en">
    <head>
        <title>HTML</title>
    </head>
    <body>
        <!-- Add your content here-->
    </body>
</html>
```

브라우저는 HTML 코드를 해석해서 트리 형태로 구조화된 노드들을 가지고 있는 문 서(DOM)를 생성한다. 그림 1-1에서는 Opera의 Dragonfly DOM Inspector를 사용해서 HTML 문서의 트리 구조를 표시했다.

그림 1-1. Opera Dragonfly Developer Tools에서 웹 페이지 보기

왼쪽에서 HTML 문서를 트리 형태로 볼 수 있으며, 여기서 선택한 요소를 표현하는 관련된 JavaScript 개체를 오른쪽에서 볼 수 있다. 예를 들어, 선택된 \<body\> 요소(파란색으로 강조됨)는 element 노드이자 HTMLBodyElement 인터페이스의 인스턴스다.

여기서 알아둬야 할 것은 HTML 문서가 브라우저에 의해 해석되어 실제 문서를 나타내는 노드 개체들의 트리 구조로 변환된다는 것이다. DOM의 목적은 JavaScript를 사용해서 이 문서에 대한 스크립트 작성(삭제, 추가, 바꾸기, 이벤트 처리, 수정)을 위한 프로그래밍 인터페이스를 제공하는 것이다.

Note

DOM은 원래 XML 문서를 위한 애플리케이션 프로그래밍 인터페이스였지만, HTML 문서에서도 사용되도록 확장되었다.

1.2 노드 개체 유형

HTML 문서를 다룰 때 마주치게 되는 가장 일반적인 노드 유형(nodeType/노드 분류)은 다음과 같다.

- DOCUMENT_NODE (예: window.document)
- ELEMENT_NODE (예: \<body\>, \<a\>, \<p\>, \<script\>, \<style\>, \<html\>, \<h1\>)

- ATTRIBUTE_NODE (예: class="funEdges")

- TEXT_NODE (예: 줄바꿈과 공백을 포함한 HTML 문서 내의 텍스트 문자)

- DOCUMENT_FRAGMENT_NODE (예: document.createDocumentFragment())

- DOCUMENT_TYPE_NODE (예: <!DOCTYPE html>)

이 목록에 있는 노드 유형 형식(모두 대문자이며 _로 단어를 구분함)은 JavaScript 브라우저 환경에서 Node 개체의 속성으로 기록되는 상수 값의 속성과 동일하다. Node의 이 속성들은 상수 값이며, Node 개체의 특정 유형에 매핑되는 숫자 코드 값을 저장하는 데 사용된다. 예를 들어, 다음 코드에서 Node.ELEMENT_NODE는 1과 동일하다. 바로 이 1이 element 노드를 식별하는 데 사용되는 코드 값이다.

✎ Live code	http://jsfiddle.net/domenlightenment/BAVrs

```
<!DOCTYPE html>
<html lang="en">
<body>
<script>

console.log(Node.ELEMENT_NODE) //element 노드의 숫자 코드 값인 1이 출력됨.

</script>
</body>
</html>
```

다음 코드에서는 모든 노드 유형과 그 값을 출력한다.

✎ Live code	http://jsfiddle.net/domenlightenment/YcXGD

```
<!DOCTYPE html>
<html lang="en">
<body>
<script>

for(var key in Node){
    console.log(key,' = '+Node[key]);
```

```
};

/* 앞의 코드는 콘솔에 다음 내용을 출력한다.
ELEMENT_NODE   = 1
ATTRIBUTE_NODE   = 2
TEXT_NODE   = 3
CDATA_SECTION_NODE   = 4
ENTITY_REFERENCE_NODE   = 5
ENTITY_NODE   = 6
PROCESSING_INSTRUCTION_NODE   = 7
COMMENT_NODE   = 8
DOCUMENT_NODE   = 9
DOCUMENT_TYPE_NODE   = 10
DOCUMENT_FRAGMENT_NODE   = 11
NOTATION_NODE   = 12
DOCUMENT_POSITION_DISCONNECTED   = 1
DOCUMENT_POSITION_PRECEDING   = 2
DOCUMENT_POSITION_FOLLOWING   = 4
DOCUMENT_POSITION_CONTAINS   = 8
DOCUMENT_POSITION_CONTAINED_BY   = 16
DOCUMENT_POSITION_IMPLEMENTATION_SPECIFIC   = 32 */

</script>
</body>
</html>
```

이 예제 코드는 모든 노드 유형을 포괄하고 있는 목록을 제공한다. 이 책의 목적상 이번 절의 시작부에서는 노드 유형들 중 일부만을 다루었는데, 이 노드들이 HTML 페이지에서 스크립트를 작성할 때 가장 많이 마주치는 것들이다.

표 1-1에서는 가장 흔히 사용되는 노드 유형들의 인스턴스를 생성하는 인터페이스/생성자의 이름과 관련된 nodeType 분류의 숫자 및 이름을 나열하였다. 이 표에서 알아둬야 할 점은 nodeType 값(예: 1)은 단지 특정한 JavaScript 인터페이스/생성자로부터 생성되는 노드가 유형을 기술하는 데 사용되는 숫자 분류에 불과하다는 점이다. 예를 들어, HTMLBodyElement 인터페이스는 ELEMENT_NODE의 분류인 노드 유형 1을 가지는 노드 개체를 의미한다.

표 1-1. 노드 인터페이스/생성자와 인스턴스에 부여되는 관련 숫자 분류 값 및 이름

인터페이스/생성자	노드
	nodeType (nodeType에서 반환됨)
HTML*Element (예: HTMLBodyElement)	1 (예: ELEMENT_NODE)
Text	3 (예: TEXT_NODE)
Attr	2 (예: ATTRIBUTE_NODE)
HTMLDocument	9 (예: DOCUMENT_NODE)
DocumentFragment	11 (예: DOCUMENT_FRAGMENT_NODE)
DocumentType	10 (예: DOCUMENT_TYPE_NODE)

Note

DOM 사양에서는 의미상 Node, Element, Text, Attr, HTMLAnchorElement를 인터페이스로 분류하고 있지만, 노드를 생성하는 JavaScript 생성자 함수에 부여된 이름이기도 하다는 점을 명심하기 바란다. 사양에서는 이 인터페이스들(Element, Text, Attr, HTMLAnchorElement)을 인터페이스로 간주하고 있더라도, 이 책에서는 개체나 생성자 함수로 언급한다.

ATTRIBUTE_NODE는 실제로는 트리의 일부가 아니지만, 역사적인 이유로 목록에 포함되었다. 이 책에서는 attribute 노드에 대해 한 장을 할애하지는 않지만 3장에서 다룰 것인데, attribute 노드를 실제 DOM 트리 구조에 참여하지 않는 element 노드의 하위 노드인 것으로 간주하고 있다. ATTRIBUTE_NODE는 DOM4에서 사용이 금지(deprecated)되었다는 점에 유의한다.

이 책에서는 COMMENT_NODE에 대해서 상세한 내용을 포함하고 있지 않지만, HTML 문서 내의 주석은 Comment 노드이며 사실상 Text 노드와 유사하다는 점을 알아야 한다.

이 책 전반에 걸쳐 노드들에 대해서 다루겠지만, 특정 노드를 nodeType 이름(예: ELEMENT_NODE)을 사용해서 언급하는 경우는 별로 없을 것이다. 이는 W3C 및 WHATWG에서 제공하는 사양서에서 사용되는 어투와 일관성을 유지하기 위한 것이다.

1.3 Node 개체로부터 상속받은 하위 노드 개체

통상적인 DOM 트리의 각 노드 개체는 Node로부터 속성과 메서드를 상속받는다. 문서 내의 노드 유형에 따라 Node 개체를 확장한 하위 노드 개체/인터페이스가 추가로 존재한다. 다음 목록은 가장 일반적인 노드 인터페이스에 대해 브라우저에서 구현된 상속 모델을 나열하고 있다. (〈는 "~로부터 상속받음"을 가리킨다.)

- Object 〈 Node 〈 Element 〈 HTMLElement 〈 (예: HTML*Element)
- Object 〈 Node 〈 Attr (DOM4에서 사용이 금지됨)
- Object 〈 Node 〈 CharacterData 〈 Text
- Object 〈 Node 〈 Document 〈 HTMLDocument
- Object 〈 Node 〈 DocumentFragment

모든 노드 유형이 Node로부터 상속받는다는 것뿐만 아니라 상속 체인이 길어질 수도 있음을 알아두는 것이 중요하다. 예를 들어, 모든 HTMLAnchorElement 노드는 HTMLElement, Element, Node, Object 개체로부터 속성 및 메서드를 상속받는다.

Note

Node는 JavaScript 생성자 함수에 불과하다. 따라서 논리적으로 볼 때 Node는 JavaScript의 다른 개체들처럼 Object.prototype으로부터 상속받는다.

모든 노드 유형이 Node 개체로부터 속성 및 메서드를 상속받는다는 것을 검증하기 위해, Element 노드 개체에 대해 루프를 돌면서 속성 및 메서드(상속받은 것을 포함)를 조사해보자.

✎ **Live code**　　http://jsfiddle.net/domenlightenment/6ukxe

```
<!DOCTYPE html>
<html lang="en">
<body>

<a href="#">Hi</a> <!--상속받은 HTMLAnchorElement -->
```

```
<script>

//element 노드 개체에 대한 참조를 얻음.
var nodeAnchor = document.querySelector('a');
//element 노드 개체에 대한 속성 키를 저장하기 위한 props 배열을 생성.
var props = [];

//element 노드 개체에 대해 루프를 돌면서 모든 속성 및 메서드(상속받은 것 포함)를 얻어냄.
for(var key in nodeAnchor){
    props.push(key);
}

//속성 및 메서드를 알파벳순으로 기록.
console.log(props.sort());

</script>
</body>
</html>
```

이 코드를 웹 브라우저에서 실행해보면, 해당 element 노드 개체에 존재하는 속성들의 긴 목록을 볼 수 있을 것이다. 이 목록에는 Node 개체로부터 상속받은 속성 및 메서드뿐만 아니라 Element, HTMLElement, HTMLAnchorElement, Node, Object 개체로부터 상속받은 수많은 속성 및 메서드가 존재한다. 여기서 요점은 이 모든 속성과 메서드를 살펴보는 것이 아니라, 모든 노드가 prototype 체인의 속성뿐만 아니라 생성자로부터 일련의 기본 속성 및 메서드를 상속받는다는 점을 언급하기 위한 것이다.

시각적으로 보는 것을 선호한다면, Opera의 DOM Inspector를 사용하여 이 문서의 상속 체인을 살펴보기 바란다(그림 1-2 참조).

그림 1-2. Opera Dragonfly Developer Tools에서 노드 상속 보기

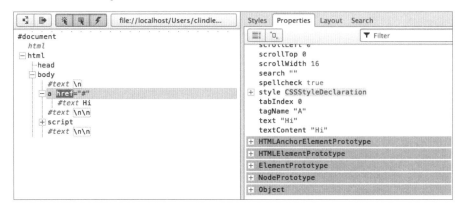

그림 1-2에서 anchor 노드는 `HTMLAnchorElement`, `HTMLElement`, `Element`, `Node`, `Object` 로부터 상속받으며, 이 항목들은 속성 목록에 회색 배경으로 강조되어 표시되어 있다. 이 상속 체인 덕에 모든 노드 유형에서 수많은 공유 메서드와 속성들이 제공된다.

Note

JavaScript의 변하기 쉽고 동적인 특성으로 인해, 사용자 정의 메서드와 속성을 DOM에 추가하는 것도 가능하다. 하지만 일반적으로 호스트 개체를 확장하는 것은 여러 문제점이 있기에, 대개 좋은 아이디어는 아니다.

1.4 노드를 다루기 위한 속성 및 메서드

앞에서 논의했듯이, 모든 노드 개체(예: `Element`, `Attr`, `Text` 등)는 속성과 메서드를 1차적으로 `Node` 개체로부터 상속받는다. 이 속성 및 메서드는 DOM을 조작·조사·탐색하는 기준이 되는 값과 함수다. 노드 인터페이스에서 제공되는 속성 및 메서드 외에, `document`, `HTMLElement`, `HTML*Element` 인터페이스와 같은 하위 노드 인터페이스에서도 수많은 관련 속성 및 메서드가 제공된다.

다음은 모든 노드 개체에서 상속되는 것 중 가장 흔히 사용되는 `Node` 속성 및 메서드인데, 하위 노드 인터페이스에 속한 노드들을 다루기 위한 관련 속성들도 포함되어 있다.

Node 속성

- childNodes
- firstChild
- lastChild
- nextSibling
- nodeName
- nodeType
- nodeValue
- parentNode
- previousSibling

Node 메서드

- appendChild()
- cloneNode()
- compareDocumentPosition()
- contains()
- hasChildNodes()
- insertBefore()
- isEqualNode()
- removeChild()
- replaceChild()

Document 메서드

- document.createElement()
- document.createTextNode()

HTML*Element 속성

- innerHTML
- outerHTML
- textContent

- innerText
- outerText
- firstElementChild
- lastElementChild
- nextElementChild
- previousElementChild
- children

HTML element 메서드

- insertAdjacentHTML()

1.5 노드의 유형과 이름 식별하기

모든 노드는 Node로부터 상속받는 nodeType 및 nodeName 속성을 가진다. 예를 들어, Text 노드의 nodeType 코드는 3이며, nodeName 값은 #text이다. 이전에 언급했듯이, 숫자 값 3은 노드가 나타내는 내장 개체의 형식을 나타내는 숫자 코드다(즉 Node.TEXT_NODE ===3).

다음은 이 책에서 논의된 노드 개체들의 nodeType 및 nodeName에서 반환되는 값이다. 숫자 코드 5개만을 다루고 있으므로, 흔히 사용되는 노드들의 숫자 값은 외워두는 것이 좋다.

✎ Live code	http://jsfiddle.net/domenlightenment/8EwNu

```
<!DOCTYPE html>
<html lang="en">
<body>

<a href="#">Hi</a>

<script>

/* Node.DOCUMENT_TYPE.NODE === 10이므로
```

```
    DOCUMENT_TYPE_NODE 또는 nodeType 10 */
    console.log(
        document.doctype.nodeName, /* 'html'이 기록됨. document.doctype을 시도하면
                                        <!DOCTYPE html>을 얻을 수 있음. */
        document.doctype.nodeType //DOCUMENT_TYPE_NODE에 매핑되는 10이 기록됨.
    );
    //Node.DOCUMENT_NODE === 9이므로 DOCUMENT_NODE 또는 nodeType 9
    console.log(
        document.nodeName, //'#document'가 기록됨.
        document.nodeType //DOCUMENT_NODE에 매핑되는 9가 기록됨.
    );


    /* Node.DOCUMENT_FRAGMENT_NODE === 11이므로
    DOCUMENT_FRAGMENT_NODE 또는 nodeType 11 */
    console.log(
        document.createDocumentFragment().nodeName, /* '#document-fragment'가 기
                                                        록됨. */
        document.createDocumentFragment().nodeType /* DOCUMENT_FRAGMENT_NODE에 매
                                                        핑되는 11이 기록됨. */
    );


    //Node.ELEMENT_NODE === 1이므로 ELEMENT_NODE 또는 nodeType 1
    console.log(
        document.querySelector('a').nodeName, //'A'가 기록됨.
        document.querySelector('a').nodeType //ELEMENT_NODE에 매핑되는 1이 기록됨.
    );


    //Node.TEXT_NODE === 3이므로 TEXT_NODE 또는 nodeType 3
    console.log(
        document.querySelector('a').firstChild.nodeName, //'#text'가 기록됨.
        document.querySelector('a').firstChild.nodeType /* TEXT_NODE에 매핑되는 3이
                                                            기록됨. */
    );


</script>
</body>
</html>
```

명확하지 않은 경우에 노드의 유형을 판별하는 가장 빠른 방법은 nodeType 속성을 확인해보는 것이다. 다음 코드에서는 anchor 요소의 nodeType이 1인지를 확인한다. 1이 맞으면, Node.ELEMENT_NODE ===1이므로, Element 노드라고 결론지을 수 있다.

✎ **Live code**   http://jsfiddle.net/domenlightenment/ydzWL

```
<!DOCTYPE html>
<html lang="en">
<body>

<a href="#">Hi</a>

<script>

//<a>는 ELEMENT_NODE인가?
console.log(document.querySelector('a').nodeType === 1); /* <a>는 Element 노드
                                                    이므로 true가 기록됨. */

//또는 숫자 값 1을 가지고 있는 속성인 Node.ELEMENT_NODE를 사용.
console.log(document.querySelector('a').nodeType === Node.ELEMENT_NODE);
//<a>가 Element 노드이므로 true가 기록됨.

</script>
</body>
</html>
```

노드 유형을 판별하는 것은 해당 노드에서 사용 가능한 속성과 메서드를 알 수 있게 해주므로, 스크립트 작성 시 매우 유용하다.

Note

nodeName에서 반환되는 값은 노드 유형에 따라 달라진다. 자세한 내용은 DOM4의 사양을 보기 바란다.

1.6 노드 값 가져오기

nodeValue 속성은 Text와 Comment를 제외한 대부분 노드 유형에서는 null 값을 반환한다. 이 속성의 용도는 Text와 Comment 노드에서 실제 텍스트 문자열을 추출하는 데 초점을 맞추고 있다. 다음 코드에서는 이 책에서 논의된 노드들에 대해 이 속성을 사용하는 예를 보여준다.

✎ Live code	http://jsfiddle.net/domenlightenment/LNyA4

```
<!DOCTYPE html>
<html lang="en">
<body>

<a href="#">Hi</a>

<script>

/* DOCUMENT_TYPE_NODE, DOCUMENT_NODE, DOCUMENT_FRAGMENT_NODE, ELEMENT_NODE에
대해서는 null을 기록. */
console.log(document.doctype.nodeValue);
console.log(document.nodeValue);
console.log(document.createDocumentFragment().nodeValue);
console.log(document.querySelector('a').nodeValue);

//텍스트 문자열을 기록.
console.log(document.querySelector('a').firstChild.nodeValue);  //'Hi'가 기록됨.

</script>
</body>
</html>
```

Note

Text나 Comment 노드 값은 noveValue 속성에 새로운 문자열 값을 부여해서 설정할 수 있다(예: document.body.firstElementChild.nodeValue = 'hi').

1.7 JavaScript 메서드를 사용해서 Element 및 Text 노드를 생성하기

브라우저가 HTML 문서를 해석할 때 HTML 파일 내용을 기반으로 해서 노드와 트리를 구성하게 된다. 브라우저는 HTML 문서를 초기 로딩할 때 노드 생성을 처리한다. 하지만 JavaScript를 사용해서 직접 노드를 생성하는 것도 가능하다. 다음 두 메서드는 JavaScript를 사용해서 Element 및 Text 노드를 프로그래밍적으로 생성할 수 있게 해준다.

- createElement()
- createTextNode()

다른 메서드들(예: craeteAttribute ( ), createComment( ))도 존재하지만, 흔히 사용되지는 않는다. 다음 코드에서는 Element와 Text 노드를 간단하게 만들 수 있다는 것을 보여준다.

✎ **Live code**　　http://jsfiddle.net/domenlightenment/Vj2Tc

```
<!DOCTYPE html>
<html lang="en">
<body>
<script>

var elementNode = document.createElement('div');
console.log(elementNode, elementNode.nodeType); /* <div> 1을 출력하며, 1은
                                        element 노드를 가리킨다. */

var textNode = document.createTextNode('Hi');
console.log(textNode, textNode.nodeType); /* Text {} 3을 출력하며, 3은 text 노
                                        드를 가리킨다. */

</script>
</body>
</html>
```

Note

createElement() 메서드는 생성될 element를 지정하는 문자열을 매개변수로 받는다. 이 문자열은 Element 개체의 tagName 속성에서 반환되는 문자열과 동일하다. createAttribute() 메서드는 사용이 금지되었으며, attribute 노드를 만드는 데 사용되어서는 안 된다. 대신에, 통상적으로 개발자들은 getAttribute(), setAttribute(), removeAttribute() 메서드를 사용한다. 3장에서 이 내용을 보다 자세히 다루도록 하겠다.

createDocumentFragment() 메서드는 8장에서 다룰 것이다. Comment 노드를 생성하기 위한 createComment() 메서드도 존재한다. 이 책에서 다루지는 않겠지만, 이 메서드를 사용하는 것이 필요한 개발자에게는 유용할 것이다.

1.8 JavaScript 문자열을 사용하여 DOM에 Element 및 Text 노드를 생성 및 추가하기

innerHTML, outerHTML, textContext, insertAdjacentHTML() 속성 및 메서드는 JavaScript 문자열을 사용하여 DOM에 노드를 생성하고 추가하는 기능을 제공한다.

다음 코드에서는 innerHTML, outerHTML, textContext 속성을 사용하여 JavaScript 문자열로부터 노드를 생성한 다음, 바로 DOM에 추가한다.

✎ **Live code**   http://jsfiddle.net/domenlightenment/UrNT3

```
<!DOCTYPE html>
<html lang="en">
<body>

<div id="A"></div>
<div id="B"></div>
<span id="C"></span>
<div id="D"></div>
<div id="E"></div>

<script>
```

```
//strong element와 text 노드를 생성해서 DOM에 추가.
document.getElementById('A').innerHTML = '<strong>Hi</strong>';

/* div element와 text 노드를 생성해서 <span id="B"></span>을 바꾼다(span#B가 교체
된다). */
document.getElementById('B').outerHTML = '<div id="B"
    class="new">Whats Shaking</div>'

//Text 노드를 생성해서 div#C를 갱신한다.
document.getElementById('C').textContent = 'dude';

//다음의 innerText와 outerText는 비표준 확장이다.

//Text 노드를 생성해서 div#D를 갱신한다.
document.getElementById('D').innerText = 'Keep it';

//Text 노드를 생성해서 div#E를 Text 노드로 바꾼다(div#E가 사라진다는 점에 유의).
document.getElementById('E').outerText = 'real!';

console.log(document.body.innerHTML);
/* 다음이 출력됨.
<div id="A"><strong>Hi</strong></div>
<div id="B" class="new">Whats Shaking</div>
<span id="C">dude</span>
<div id="D">Keep it</div> real!
*/

</script>
</body>
</html>
```

Element 노드에서만 동작하는 insertAdjacentHTML() 메서드는 이전에 언급된 메서드들에 비해 보다 세밀하게 다룰 수 있다. 이 메서드를 사용하면 시작 태그의 앞, 시작 태그의 뒤, 종료 태그 앞, 종료 태그 뒤에 노드를 삽입하는 것이 가능하다. 다음 코드에서는 insertAdjacentHTML() 메서드를 사용해서 문장을 구성하였다.

```
<!DOCTYPE html>
<html lang="en">
<body><i id="elm">how</i>

<script>

var elm = document.getElementById('elm');

elm.insertAdjacentHTML('beforebegin', '<span>Hey-</span>');
elm.insertAdjacentHTML('afterbegin', '<span>dude-</span>');
elm.insertAdjacentHTML('beforeend', '<span>-are</span>');
elm.insertAdjacentHTML('afterend', '<span>-you?</span>');

console.log(document.body.innerHTML);
/* 다음이 출력됨.
<span>Hey-</span><i id="elm"><span>dude-</span>how<span>-are</span></i>
<span>-you?</span>
*/

</script>
</body>
</html>
```

Note

innerHTML 속성은 문자열 내에서 발견된 HTML 요소를 실제 DOM 노드로 변환하는 반면, textContent는 텍스트 노드를 생성하는 데만 사용 가능하다. HTML 요소를 포함하고 있는 문자열을 textContent에 전달하면, 단순히 텍스트로만 출력된다.

document.write() 역시 DOM에 일제히 노드를 생성해서 추가하는 데 사용될 수 있다. 하지만 이 메서드는 서드파티 스크립트 작업을 수행하는 데 필요하지 않는 한, 통상적으로는 잘 사용되지 않는다. 기본적으로 write() 메서드는 전달된 값을 페이지가 로딩 및 해석되는 동안 페이지에 출력한다. Write() 메서드를 사용하면 로딩된 HTML 문서가 해석되는 것을 지연/차단시키게 된다는 것에 유의해야 한다.

innerHTML이 무겁고 비싼 대가를 치르는 HTML 파서를 호출하는 데 비해, 텍스트 노드 생성은 간단하게 처리되므로, innerHTML 계열의 사용을 삼가야 한다.

insertAdjacentHTML의 beforebegin 및 afterend 옵션은 노드가 DOM 트리 내에 존재하고 부모 요소를 가진 경우에만 동작한다.

Firefox 버전 11 이전까지는 outerHTML에 대한 지원이 직접 제공되지 않았으며, 외부 구현이 존재했다(http://gist.github.com/1044128).

textContent는 <script> 및 <style> 요소를 비롯한 모든 요소의 내용을 가져올 수 있지만, innerText는 그렇지 않다.

innerText는 스타일에 대해서는 알고 있지만, textContent와는 달리 숨겨진 요소들의 텍스트는 반환하지 않는다.

Firefox를 제외한 모든 최신 브라우저들에서는 insertAdjacentElement() 및 insertAdjacentText()를 사용할 수 있다.

1.9 DOM 트리의 일부를 JavaScript 문자열로 추출하기

DOM에 노드를 생성하고 추가하는 데 사용하는 것과 동일한 속성들(innerHTML, outerHTML, textContent)이 DOM의 일부(혹은 DOM 전체)를 JavaScript 문자열로 추출하는 데 사용된다.

🖉 Live code	http://jsfiddle.net/domenlightenment/mMYWc

```
<!DOCTYPE html>
<html lang="en">
<body>

<div id="A"><i>Hi</i></div>
<div id="B">Dude<strong> !</strong></div>

<script>

console.log(document.getElementById('A').innerHTML);  //'<i>Hi</i>'가 출력됨.
console.log(document.getElementById('A').outerHTML);  /* <div id="A"><i>Hi</i></
                                                             div>가 출력됨. */

//자식 요소 노드 내에 있는 경우(예: <strong>!<strong>)에는 모든 텍스트가 반환됨.
console.log(document.getElementById('B').textContent);  //'Dude!'가 출력됨.
```

```
//다음의 innerText 및 outerText는 비표준 확장임.

console.log(document.getElementById('B').innerText); //'Dude!'가 출력됨.

console.log(document.getElementById('B').outerText); //'Dude!'가 출력됨.

</script>
</body>
</html>
```

Note

textContent, innerText, outerText 속성은 선택된 노드 내에 포함된 모든 텍스트 노드들을 반환한다. 예를 들어(실제로는 좋은 생각이라 할 수 없지만), document.body.textContent는 첫 번째 텍스트 노드뿐만 아니라 body 요소 내에 포함된 모든 텍스트 노드들을 가져온다.

1.10 appendChild() 및 insertBefore()를 사용하여 노드 개체를 DOM에 추가하기

appendChild() 및 insertBefore() 노드 메서드는 JavaScript 노드 개체를 DOM 트리에 삽입할 수 있게 해준다. appendChild() 메서드는 하나의 노드(혹은 여러 노드)를 메서드가 호출된 노드의 자식 노드 끝에 삽입할 수 있게 해준다. 자식 노드가 존재하지 않으면, 해당 노드가 첫 번째 자식으로 추가된다. 다음 코드 예제에서는 element 노드(<strong>)와 텍스트 노드(Dude)를 생성한다. 그 후 DOM에서 <p> element를 선택하고 appendChild()를 사용해서 <strong> element를 추가한다. <strong> element는 <p> element 내부로 캡슐화되고, 마지막 자식 노드로 추가된다. 다음으로, <strong> element가 선택되고, 텍스트 Dude가 <strong> element에 추가된다.

✎ **Live code**   http://jsfiddle.net/domenlightenment/HxjFt

```
<!DOCTYPE html>
<html lang="en">
```

```
<body>

<p>Hi</p>

<script>

//임시 element 노드와 text 노드를 생성.
var elementNode = document.createElement('strong');
var textNode = document.createTextNode(' Dude');

//앞의 노드들을 DOM에 추가.
document.querySelector('p').appendChild(elementNode);
document.querySelector('strong').appendChild(textNode);

//<p>Hi<strong> Dude</strong></p>이 출력됨.
console.log(document.body.innerHTML);

</script>
</body>
</html>
```

자식 노드 목록 끝에 노드를 추가하는 것 외에 삽입 위치를 조정하는 것이 필요하면, insertBefore()를 사용하면 된다. 다음 코드에서는 <ul> element의 첫 번째 자식 노드 앞에 <li> element를 삽입한다.

✎ Live code	http://jsfiddle.net/domenlightenment/UmkME

```
<!DOCTYPE html>
<html lang="en">
<body>

<ul>
    <li>2</li>
    <li>3</li>
</ul>

<script>
```

```
//텍스트 노드와 li element 노드를 생성해서 li에 텍스트를 추가한다.
var text1 = document.createTextNode('1');
var li = document.createElement('li');
li.appendChild(text1);

//문서에서 ul을 선택한다.
var ul = document.querySelector('ul');

/*
앞에서 생성한 li element를 DOM에 추가한다.
<ul>에 대해 ul.firstChild를 호출해서 <li>2</li>에 대한 참조를 전달하고 있다.
*/
ul.insertBefore( li,ul.firstChild);

console.log(document.body.innerHTML);
/* 다음과 같이 출력됨.
<ul>
<li>1</li>
<li>2</li>
<li>3</li>
</ul>
*/

</script>
</body>
</html>
```

insertBefore( ) 메서드는 2개의 매개변수를 필요로 하는데, 삽입될 노드와 해당 노드를 삽입하고자 하는 문서 내의 참조 노드다.

Note

insertBefore( ) 메서드의 두번째 매개변수를 전달하지 않으면, 이 메서드는 appendChild( )처럼 동작한다.

DOM4에서는 더 많은 메서드(예: prepend( ), append( ), before, after( ))가 생길 것이라 기대한다.

1.11 removeChild() 및 replaceChild()를 사용하여 노드를 제거하거나 바꾸기

DOM에서 노드를 제거하는 것은 여러 단계의 과정으로 이루어진다. 먼저 삭제하고자 하는 노드를 선택해야 한다. 다음으로 부모 노드에 대한 접근을 얻어야 하는데, 보통 parentNode 속성을 사용하게 된다. 부모 노드에서 삭제할 노드에 대한 참조를 전달하여 removeChild( ) 메서드를 호출한다. 다음 코드에서는 element 노드와 텍스트 노드에서 이를 사용하는 방법을 보여준다.

✎ **Live code**   http://jsfiddle.net/domenlightenment/VDZgP

```
<!DOCTYPE html>
<html lang="en">
<body>

<div id="A">Hi</div>
<div id="B">Dude</div>

<script>

//element 노드 삭제.
var divA = document.getElementById('A');
divA.parentNode.removeChild(divA);

//텍스트 노드 삭제.
var divB = document.getElementById('B').firstChild;
divB.parentNode.removeChild(divB);

//새롭게 갱신된 DOM을 출력(빈 div#B만 남아있어야 함).
console.log(document.body.innerHTML);

</script>
</body>
</html>
```

element 노드나 텍스트 노드를 바꾸는 것은 제거하는 것과 별반 다르지 않다. 다음 코드에서는 이전 예제 코드와 동일한 HTML 구조를 사용하되, 이번에는 노드를 제거하는 대신 replaceChild( )를 사용하여 업데이트한다.

✎ **Live code**   **http://jsfiddle.net/domenlightenment/zgE8M**

```html
<!DOCTYPE html>
<html lang="en">
<body>

<div id="A">Hi</div>
<div id="B">Dude</div>

<script>

//element 노드 바꾸기.
var divA = document.getElementById('A');
var newSpan = document.createElement('span');
newSpan.textContent = 'Howdy';
divA.parentNode.replaceChild(newSpan,divA);

//텍스트 노드 바꾸기.
var divB = document.getElementById('B').firstChild;
var newText = document.createTextNode('buddy');
divB.parentNode.replaceChild(newText, divB);

//새롭게 갱신된 DOM을 출력.
console.log(document.body.innerHTML);

</script>
</body>
</html>
```

Note

제거하거나 바꾸는 대상이 무엇인지에 따라 innerHTML, outerHTML, textContent 속성에 빈 문자열을 주는 것이 더 쉽고 빠를 수도 있다. 하지만 브라우저의 메모리 누수가 발생할 수 있으므로 조심해야 한다.

replaceChild() 및 removeChild()는 각각 교체되거나 제거된 노드를 반환한다. 기본적으로 해당 노드는 바꾸거나 제거하는 것이므로 사라지지 않았다. 이 동작은 해당 노드가 현재 문서의 범위를 벗어나게 만든다. 해당 노드에 대한 메모리상의 참조는 여전히 가지게 된다.

DOM4에서는 더 많은 메서드(예: replace(), remove())가 있을 것이라 기대한다.

1.12 cloneNode()를 사용하여 노드를 복제하기

cloneNode() 메서드를 사용하여 단일 노드 혹은 노드 및 모든 자식 노드를 복제할 수 있다.

다음 코드에서는 <ul>(예: HTMLUListElement)만을 복제하고, 복제한 후에는 일반적인 노드 참조처럼 다루고 있다.

✎ **Live code**   http://jsfiddle.net/domenlightenment/6DHgC

```
<!DOCTYPE html>
<html lang="en">
<body>

<ul>
  <li>Hi</li>
  <li>there</li>
</ul>

<script>

var cloneUL = document.querySelector('ul').cloneNode();

console.log(cloneUL.constructor); //HTMLUListElement()가 출력됨.
```

```
console.log(cloneUL.innerHTML); //ul만이 복제되었으므로 빈 문자열이 출력됨.

</script>
</body>
</html>
```

노드와 그 자식 노드를 모두 복제하려면, cloneNode( ) 메서드의 매개변수로 true를 전
달한다. 다음 코드에서는 cloneNode( ) 메서드를 다시 사용하되, 이번에는 자식 노드들도
모두 복제하고 있다.

🖉 **Live code**　　**http://jsfiddle.net/domenlightenment/EyFEC**

```
<!DOCTYPE html>
<html lang="en">
<body>

<ul>
  <li>Hi</li>
  <li>there</li>
</ul>

<script>

var cloneUL = document.querySelector('ul').cloneNode(true);

console.log(cloneUL.constructor); //HTMLUListElement()가 출력됨.
console.log(cloneUL.innerHTML); //<li>Hi</li><li>there</li>가 출력됨.

</script>
</body>
</html>
```

Note

Element 노드를 복제할 때, 모든 특성 및 값(인라인 이벤트 포함)도 복제된다. addEventListener()나 node.onclick으로 추가된 것은 복제되지 않는다.

cloneNode(true)를 사용해서 노드와 그 자식을 복제하면 NodeList가 반환될 것이라 생각할 수 있지만, 실제로는 그렇지 않다. cloneNode() 때문에 문서 내에서 요소 ID가 중복될 수도 있다.

1.13 노드 컬렉션(NodeList와 HTMLCollection)에 대한 이해

트리에서 노드 그룹을 선택하거나(3장 참조) 사전에 정의된 노드 집합에 접근하려면, 해당 노드들이 NodeList(예: document.querySelectorAll('*'))나 HTMLCollection(예: document.scripts) 내에 있어야 한다. 배열과 유사한 이 개체 컬렉션들은 다음과 같은 특징을 가진다.

- 컬렉션은 라이브 상태 혹은 정적(static)일 수 있다. 이는 컬렉션 내에 포함된 노드들이 현재 문서 혹은 현재 문서에 대한 스냅샷의 일부라는 것을 의미한다.
- 기본적으로 노드는 트리 순서에 따라 컬렉션 내에서 정렬된다. 이 순서는 트리 루트로부터 분기점까지의 선형 경로와 일치한다.
- 컬렉션은 리스트 내의 요소 개수를 나타내는 length 속성을 가진다.

1.14 직계 자식 노드 전부에 대한 리스트/컬렉션 얻기

childNodes 속성을 사용하면 직계 자식 노드에 대해 배열 형태의 리스트(예: NodeList)가 나온다. 다음 코드에서는 <ul> element를 선택한 후, 해당 속성을 사용하여 <ul> 내에 포함된 직계 자식 노드의 전체 리스트를 만들고 있다.

| Live code | http://jsfiddle.net/domenlightenment/amDev |

```
<!DOCTYPE html>
<html lang="en">
<body>
```

```
<ul>
  <li>Hi</li>
  <li>there</li>
</ul>

<script>

var ulElementChildNodes = document.querySelector('ul').childNodes;

console.log(ulElementChildNodes); /* ul 내의 전체 노드로 이루어진 유사 배열 리스트를
                                      출력. */

/* NodeList에 대해 루프를 돌 수 있도록 NodeList의 메서드인 forEach를 호출함.
NodeLists가 유사 배열이라 가능한 것이며, Array로부터 직접 상속받은 것은 아님 */
Array.prototype.forEach.call(ulElementChildNodes,function(item){
    console.log(item); //배열 내의 각 항목을 출력.
});

</script>
</body>
</html>
```

Note

childNodes에서 반환되는 NodeList는 직계 자식 노드만을 가진다.

childNodes가 Element 노드뿐만 아니라 다른 노드 유형(예: Text 및 Comment 노드)
도 포함한다는 점에 유의한다.

[].forEach는 ECMAScript Edition 5에서 구현되었다.

1.15 NodeList나 HTMLCollection을 JavaScript 배열로 변환

NodeList나 HTMLCollection은 배열 형태이지만, array의 메서드를 상속하는 진정한
JavaScript 배열은 아니다. 다음 코드에서는 isArray( ) 를 사용하여 이 점을 프로그래밍
적으로 확인한다.

```
<!DOCTYPE html>
<html lang="en">
<body>

<a href="#"></a>

<script>

console.log(Array.isArray(document.links)); /* HTMLCollection이지 Array가 아니므
                                               로 false가 반환된다. */
 console.log(Array.isArray(document.querySelectorAll('a'))); /* NodeList이지
                                                                Array가 아니므로
                                                                false가 반환된다.
                                                                */

</script>
</body>
</html>
```

Note

Array.isArray는 ECMAScript Edition 5에서 구현되었다.

NodeList나 HTMLCollection을 진정한 JavaScript 배열로 변환하는 것은 몇 가지 이점을 가져다 준다. 먼저, NodeList나 HTMLCollection이 라이브 리스트인데 비해, 현재 DOM 에 국한되지 않은 리스트 스냅샷을 만들 수 있게 해준다. 다음으로, 리스트를 JavaScript 배열로 변환하면 Array 개체가 제공하는 메서드들(예: forEach, pop, map, reduce 등)에 접근할 수 있게 된다.

유사 배열 리스트를 진정한 JavaScript 배열로 변환하기 위해, call() 혹은 apply()에 유사 배열 리스트를 전달하면, call() 혹은 apply()는 진짜 JavaScript 배열을 반환하는 메서드를 호출한다. 다음 코드에서는 .slice() 메서드를 사용하고 있는데, 실제로는 아무 것도 잘라내지 않는다. slice()가 배열을 반환하므로 리스트를 JavaScript Array로 변환하는 데 사용하고 있을 뿐이다.

```
<!DOCTYPE html>
<html lang="en">
<body>

<a href="#"></a>

<script>

console.log(Array.isArray(Array.prototype.slice.call(document.links)));
   //true를 반환.
console.log(Array.isArray(
    Array.prototype.slice.call(document.querySelectorAll('a'))));  //true를 반환.

</script>
</body>
</html>
```

Note

ECMAScript Edition 6에서는 유사 배열 개체나 리스트(예: 인수, NodeList,
DOMTokenList(classList에서 사용), Name dNodeMap(attributes 속성에서 사용))
를 인수로 받아 새로운 Array()로 변환하여 반환하는 Array.from이 생기리라 기대
하고 있다.

1.16 DOM 내의 노드 탐색

노드 참조(예: document.querySelector('ul'))에 다음과 같은 속성들을 사용하여 DOM
을 탐색함으로써 다른 노드에 대한 참조를 얻을 수 있다.

- parentNode
- firstChild
- lastChild
- nextSibling

- previousSibling

다음 코드 예제에서는 DOM의 탐색 기능을 통해 Node 속성을 조사한다.

🖉 **Live code**　　**http://jsfiddle.net/domenlightenment/Hvfhv**

```
<!DOCTYPE html>
<html lang="en">
<body><ul><!-- comment  -->
<li id="A"></li>
<li id="B"></li>
<!--  comment  -->
</ul>

<script>

//ul을 선택해서 저장.
var ul = document.querySelector('ul');

//ul의 parentNode는?
console.log(ul.parentNode.nodeName);  //body가 출력됨.

//ul의 첫 번째 자식은?
console.log(ul.firstChild.nodeName);  //comment가 출력됨.

//ul의 마지막 자식은?
console.log(ul.lastChild.nodeName);  /* 줄 바꿈이 있기 때문에 comment가 아닌 text가
                                        출력됨. */

//첫 번째 li의 nextSibling은?
console.log(ul.querySelector('#A').nextSibling.nodeName);  //text가 출력됨.

//마지막 li의 previousSibling은?
console.log(ul.querySelector('#B').previousSibling.nodeName);  //text가 출력됨.

</script>
</body>
</html>
```

DOM에 대해 익숙하다면, DOM을 탐색하는 것에는 element 노드뿐만 아니라 text와 comment 노드도 포함된다는 것이 별로 놀랍지 않은데, 사실 이는 이상적이지 않다. 다음 속성들을 사용하면, text와 comment 노드를 무시하고 DOM을 탐색하는 것이 가능하다.

- firstElementChild
- lastElementChild
- nextElementSibling
- previousElementSibling
- children
- parentElement

Note

childElementCount가 언급되지 않았지만, 노드가 가지고 있는 자식 element의 개수를 계산할 때 유용한 속성이므로 알아두는 것이 좋다.

이제 element만 탐색 가능한 방법들을 사용하여 예제 코드를 다시 살펴보자.

✎ **Live code**　　http://jsfiddle.net/domenlightenment/Wh7nf

```
<!DOCTYPE html>
<html lang="en">
<body><ul><!-- comment  -->
<li id="A">foo</li>
<li id="B">bar</li>
<!--  comment  -->
</ul>

<script>

//ul을 선택해서 저장.
var ul = document.querySelector('ul');

//ul의 첫 번째 자식은?
```

```
console.log(ul.firstElementChild.nodeName); //li가 출력됨.

//ul의 마지막 자식은?
console.log(ul.lastElementChild.nodeName); //li가 출력됨.

//첫 번째 li의 nextSibling은?
console.log(ul.querySelector('#A').nextElementSibling.nodeName); //li가 출력됨.

//마지막 li의 previousSibling은?
console.log(ul.querySelector('#B').previousElementSibling.nodeName); //li가 출
                                                                       력됨.

//ul의 자식 노드 중 element만을 가져오려면?
console.log(ul.children); // HTMLCollection이며, 모든 자식 노드는 text 노드를 가짐.

//첫 번째 li의 부모 element는?
console.log(ul.firstElementChild.parentElement); //ul가 출력됨.

</script>
</body>
</html>
```

1.17 contains( )와 compareDocumentPosition( )으로 DOM 트리 내의 Node 위치를 확인하기

노드의 contains( ) 메서드를 사용하면 특정 노드가 다른 노드 내에 포함되었는지를 알수 있다. 다음 코드에서는 `<body>`가 `<html lang="en">` 내에 있는지를 물어본다.

✎ **Live code**   http://jsfiddle.net/domenlightenment/ENU4w

```
<!DOCTYPE html>
<html lang="en">
<body>

<script>

//<body>가 <html lang="en"> 내에 있는가?
```

```
var inside =
  document.querySelector('html').contains(document.querySelector('body'));

console.log(inside); //true가 출력됨.

</script>
</body>
</html>
```

DOM 트리 내에서 주변 노드와 연관된 노드 위치에 대해 보다 확실한 정보를 얻고 싶을 경우, 노드의 compareDocumentPosition( ) 메서드를 사용하면 된다. 기본적으로 이 메서드는 전달된 노드에 상대적으로 선택된 노드에 대한 정보를 요청할 수 있게 해준다. 반환되는 정보는 표 1-2에 나온 정보에 들어맞는 숫자다.

표 1-2. compareDocumentPosition()에서 반환되는 숫자 값의 의미

compareDocumentPosition()에서 반환되는 숫자 코드	숫자 코드 정보
0	동일한 Element임.
1	DOCUMENT_POSITION_DISCONNECTED 선택된 노드와 전달된 노드가 동일한 문서에 존재하지 않음.
2	DOCUMENT_POSITION_PRECEDING 전달된 노드가 선택된 노드 앞에 있음.
4	DOCUMENT_POSITION_FOLLOWING 전달된 노드가 선택된 노드 뒤에 있음.
8	DOCUMENT_POSITION_CONTAINS 전달된 노드가 선택된 노드의 조상(ancestor)임.
16, 10	DOCUMENT_POSITION_CONTAINED_BY (16진수 16, 10) 전달된 노드가 선택된 노드의 자손(descendant)임.

Note

contains( )는 선택된 노드와 전달된 노드가 동일한 경우 true를 반환한다.

compareDocumentPosition()은 특정 노드가 다른 노드와 하나 이상의 관계를 가질 수 있기 때문에, 다소 혼동될 수 있다. 예를 들어, 노드가 포함 관계(16)이자 앞에 있는 경우(4), compareDocumentPosition()는 20을 반환한다.

1.18 두 노드가 동일한지 판단하기

DOM3 사양에 따르면, 두 노드는 다음 조건들이 만족되는 경우에만 동일하다.

- 두 노드가 동일한 형식이다.
- nodeName, localName, namespaceURI, prefix, nodeValue 문자열 특성이 동일하다. 즉 둘 다 null이거나, 동일한 길이와 동일한 문자를 가져야 한다.
- NamedNodeMaps 특성이 동일하다. 즉 둘 다 null이거나 길이가 동일해야 하며, 하나의 맵 내에 존재하는 각 노드들과 다른 맵에 존재하는 노드가 동일해야 하되 인덱스가 동일할 필요는 없다.
- childNodes NodeLists가 동일하다. 즉 둘 다 null이거나, 동일한 길이를 가지고 같은 인덱스의 노드가 동일해야 한다. 정규화(normalization)가 동일성에 영향을 미칠 수 있으므로, 이를 피하기 위해서는 비교를 수행하기 전에 노드를 정규화해야 한다.

DOM 내의 노드에 대해 isEqualNode() 메서드를 호출하면, 매개변수로 전달하는 노드와 동일한지를 물어보게 된다. 다음 코드에서는 동일한 두 노드의 예와 동일 조건을 만족시키지 못하는 두 노드의 예를 보여준다.

✎ **Live code**   http://jsfiddle.net/domenlightenment/xw68Q

```
<!DOCTYPE html>
<html lang="en">
<body>

<input type="text">
<input type="text">

<textarea>foo</textarea>
<textarea>bar</textarea>

<script>

//완전히 동일하므로 true가 출력됨.
var input = document.querySelectorAll('input');
```

```
console.log(input[0].isEqualNode(input[1]));

//자식 text 노드가 동일하지 않으므로 false가 출력됨.
var textarea = document.querySelectorAll('textarea');
console.log(textarea[0].isEqualNode(textarea[1]));

</script>
</body>
</html>
```

Note

두 노드가 완전히 동일한지가 아니라, 두 노드 참조가 동일한 노드를 참조하고 있는지를 알고 싶다면, === 연산자를 사용하여 간단하게 확인해볼 수 있다(예: document.body === document.body). 이 연산자는 동일하지는 않아도 참조가 일치하는지를 알려준다.

2장

Document 노드

2.1 document 노드 개요

HTMLDocument 생성자(document로부터 상속됨)는 DOM 내에 DOCUMENT_NODE(예: window.document)를 생성한다. 이를 확인하려면, document 노드 개체 생성에 사용되는 생성자가 무엇인지를 물어보면 된다.

✎ **Live code**   http://jsfiddle.net/domenlightenment/qRAzL

```
<!DOCTYPE html>
<html lang="en">
<body>
<script>

console.log(window.document.constructor); /* function HTMLDocument() { [native
                                code] }가 출력된다. */
console.log(window.document.nodeType); /* DOCUMENT_NODE에 대한 숫자 키 매핑인 9가
                                출력된다. */

</script>
</body>
</html>
```

이 코드를 통해 HTMLDocument 생성자 함수가 window.document 노드 개체를 생성하며, 이 노드가 DOCUMENT_NODE 개체라는 결론이 내려진다.

Note

Document 및 HTMLDocument 생성자는 보통 HTML 문서를 로드 시 브라우저에 의해 인스턴스가 만들어진다. 하지만 document.implementation. createHTMLDocument()를 사용하면, 브라우저 내에 현재 로드된 문서 외부에 직접 HTML 문서를 생성할 수 있다. createHTMLDocument() 외에, createDocument()를 사용하여 HTML 문서로 설정된 document 개체를 생성할 수 있다. 이 메서드들을 사용하는 예로, 프로그래밍적인 방법으로 iframe에 HTML 문서를 제공하는 것을 들 수 있다.

2.2 HTMLDocument의 속성 및 메서드(상속된 것 포함)

HTMLDocument 노드에 존재하는 속성 및 메서드와 관련된 정확한 정보를 얻어내려면, 사양서는 무시하고 브라우저에 직접 물어보는 것이 가장 좋다. 다음 코드에서 생성된 배열을 조사해보면, HTMLDocument 노드(window.document)에 존재하는 속성 및 메서드에 대해 자세히 알 수 있다.

✎ **Live code**   http://jsfiddle.net/domenlightenment/jprPe

```
<!DOCTYPE html>
<html lang="en">
<body>
<script>

//document 고유 속성
console.log(Object.keys(document).sort());

//document 고유 속성 및 상속받은 속성
var documentPropertiesIncludeInherited = [];
for(var p in document){
    documentPropertiesIncludeInherited.push(p);
}
console.log(documentPropertiesIncludeInherited.sort());

//document가 상속받은 속성만
var documentPropertiesOnlyInherited = [];
```

```
for(var p in document){
    if(
        !document.hasOwnProperty(p)){documentPropertiesOnlyInherited.push(p);
    }
}
console.log(documentPropertiesOnlyInherited.sort());

</script>
</body>
</html>
```

수많은 속성이 존재하기에, 상속된 속성은 고려되지도 않았다. 이번 장의 맥락에 맞게 주목해야 할 속성과 메서드를 골라보았다.

- doctype
- documentElement
- implementation.*
- activeElement
- body
- head
- title
- lastModified
- referrer
- URL
- defaultview
- compatMode
- ownerDocument
- hasFocus()

Note

HTMLDocument 노드 개체(예: window.document)는 DOM를 다룰 때 사용 가능한 수많은 메서드와 속성(예: document.querySelectorAll())에 접근하는 데 사용된다. 이번 장에서 다루지 않는 속성 대부분은 이 책 어딘가에서 논의된다.

2.3 일반적인 HTML 문서 정보 얻기 (제목, url, referrer, 최종 수정일, 호환 모드)

document 개체는 로드된 HTML 문서/DOM에 대한 일반적인 정보에 접근할 수 있게 해준다. 다음 코드에서는 문서에 대한 일반적인 정보를 얻어내기 위해 document.title, document.URL, document.referrer, document.lastModified, document.compatMode를 사용한다. 속성명에 따라 반환되는 값이 명확하다.

✎ **Live code**　　http://jsfiddle.net/domenlightenment/pX8Le

```
<!DOCTYPE html>
<html lang="en">
<body>
<script>

var d = document;
console.log('title = ' +d.title);
console.log('url = ' +d.URL);
console.log('referrer = ' +d.referrer);
console.log('lastModified = ' +d.lastModified);

//BackCompat(Quirks 모드) 또는 CSS1Compat(Strict 모드) 중 하나가 출력된다.
console.log('compatibility mode = ' +d.compatMode);

</script>
</body>
</html>
```

2.4 document 자식 노드

document 노드는 DocumentType 노드 개체 하나와 Element 노드 개체 하나를 가질 수 있다. 통상적으로 HTML 문서는 하나의 doctype(예: `<!DOCTYPE html>`)과 하나의 element(예: `<html lang="en">`)만을 가지므로, 별로 놀라울 것은 없다. 따라서 document 개체의 자식에 대해 물어보면(예: document.childNodes), 최소한 문서의 doctype/DTD 와 `<html lang="en">`이 포함된 배열을 얻게 될 것이다. 다음 코드는 window.document 가 자식 노드를 가진 노드 개체 형식(예: Document)라는 사실을 보여준다.

✎ **Live code**　　**http://jsfiddle.net/domenlightenment/UasKc**

```
<!DOCTYPE html>
<html lang="en">
<body>
<script>
//doctype/DTD
console.log(document.childNodes[0].nodeType); /* DOCUMENT_TYPE_NODE를 의미하는
                                                 숫자 키 10이 출력된다. */

//<html> element
console.log(document.childNodes[1].nodeType); /* ELEMENT_TYPE_NODE를 의미하는 숫
                                                 자 키 1이 출력된다. */

</script>
</body>
</html>
```

Note

HTMLDocument 생성자에서 생성되는 window.document 개체와 Document 개체를 혼동해서는 안 된다. window.document가 DOM 인터페이스의 시작점이라는 것만 기억하자. Document.childNodes가 자식 노드를 가지고 있는 이유가 바로 이 때문이다.

comment 노드(이 책에서는 다루지 않음)가 `<html lang="en">` element 외부에 있을 경우, window.document의 자식 노드가 된다. 하지만 `<html>` element 외부에 comment 노드를 두는 것은 IE에서 잘못된 결과가 야기될 수 있으며, DOM 사양을 위반하는 것이다.

2.5 document는 〈!DOCTYPE〉, 〈html lang="en"〉, 〈head〉, 〈body〉에 대한 바로가기를 제공한다

다음 속성들을 사용하면, 각 노드에 대한 바로가기 참조를 얻을 수 있다.

- document.doctype은 <!DOCTYPE>을 참조한다.
- document.documentElement는 <html lang="en">을 참조한다.
- document.head는 <head>를 참조한다.
- document.body는 <body>를 참조한다.

이 내용은 다음 코드에서 예시되어 있다.

✎ Live code	http://jsfiddle.net/domenlightenment/XsSTM

```
<!DOCTYPE html>
<html lang="en">
<body>
<script>

console.log(document.doctype); /* DocumentType {nodeType=10,
                                ownerDocument=document, ...}가 출력됨. */

console.log(document.documentElement); //<html lang="en">이 출력됨.

console.log(document.head); //<head>가 출력됨.

console.log(document.body); //<body>가 출력됨.

</script>

</body>
</html>
```

Note

doctype이나 DTD의 nodeType은 10 또는 `DOCUMENT_TYPE_NODE`이며, `DOCUMENT_NODE`(즉 `HTMLDocument()`로부터 생성되는 `window.document`)와 혼동해서는 안 된다. doctype은 `DocumentType()` 생성자로부터 생성된다.

Safari, Chrome, Opera에서는 `document.doctype`이 `document.childNodes` 리스트에 나타나지 않는다.

2.6 document.implementation.hasFeature()를 사용하여 DOM 사양/기능 탐지하기

`document.implementation.hasFeature()`를 사용하면 현재 문서에 대해 브라우저가 구현/지원하는 기능 및 수준에 대해 물어볼 수 있다. 예를 들어, 브라우저가 Core DOM Level 3 사양을 구현했는지를 물어보려면, `hasFeature()` 메서드에 기능 명칭과 버전을 전달한다. 다음 코드에서는 브라우저가 Core 2.0 및 3.0 사양을 구현했는지를 물어본다.

> ✎ **Live code** http://jsfiddle.net/domenlightenment/TYYZ6

```
<!DOCTYPE html>
<html lang="en">
<body>
<script>

console.log(document.implementation.hasFeature('Core','2.0'));
console.log(document.implementation.hasFeature('Core','3.0'));

</script>
</body>
</html>
```

표 2-1은 `hasFeature()` 메서드에 전달 가능한 기능(해당 사양에서 이 모듈을 호출함)과 버전을 정의하고 있다.

표 2-1. hasFeature()의 매개변수 값

기능	지원되는 버전
Core	1.0, 2.0, 3.0
XML	1.0, 2.0, 3.0
HTML	1.0, 2.0
Views	2.0
StyleSheets	2.0
CSS	2.0
CSS2	2.0
Events	2.0, 3.0
UIEvents	2.0, 3.0
MouseEvents	2.0, 3.0
MutationEvents	2.0, 3.0
HTMLEvents	2.0
Range	2.0
Traversal	2.0
LS(파일-DOM 트리 간 동기방식으로 로드 및 저장)	3.0
LS-Async(파일-DOM 트리 간 비동기 방식으로 로드 및 저장)	3.0
Validation	3.0

Note

hasFeature()만을 신뢰하지 말고, hasFeature() 외에 기능 탐지(capability detect)를 함께 사용해야 한다(http://bit.ly/Xcl54f).

isSupported 메서드를 사용하면, 특정/선택된 노드에 대한 구현 정보를 수집할 수 있다(예: element.isSupported(feature,version)).

user agent가 무엇을 지원하는지를 온라인상에서 판별할 수 있다. http://www.w3.org/2003/02/06-dom-support.html에서 URL을 로딩하는 브라우저가 구현했다고 주장하는 내용이 무엇인지를 가리키는 표를 찾을 수 있다.

2.7 문서 내에서 포커스를 가지고 있거나 활성 상태인 노드에 대한 참조를 얻기

document.activeElement를 사용하면, 문서 내에서 포커스를 가지고 있거나 활성 상태인 노드에 대한 참조를 바로 얻을 수 있다. 다음 코드에서는 페이지 로드 시에 문서의 포커스를 <textarea> 노드로 설정한 후, activeElement 속성을 사용하여 해당 노드에 대한 참조를 얻고 있다.

✎ **Live code**   http://jsfiddle.net/domenlightenment/N9npb

```html
<!DOCTYPE html>
<html lang="en">
<body>
<textarea></textarea>

<script>

//<textarea>에 포커스 설정.
document.querySelector('textarea').focus();

  //문서 내에서 포커스를 가지고 있거나 활성 상태인 element에 대한 참조를 얻음.
console.log(document.activeElement); //<textarea>가 출력됨.

</script>
</body>
</html>
```

Note

포커스를 가지고 있거나 활성 상태인 element는 포커스를 받을 수 있는 element를 반환한다. 브라우저에서 웹 페이지를 방문해서 탭 키를 눌러보면, 페이지 내에서 포커스를 받을 수 있는 element들로 포커스가 전환되는 것을 볼 수 있다. 노드를 선택하는 것(마우스를 사용하여 HTML 페이지 내에서 반전된 영역), 키스트로크, 스페이스바, 마우스로 무엇인가를 입력하기 위해 포커스를 받은 element를 혼동하지 말자.

2.8 문서 혹은 문서 내의 특정 노드가 포커스를 가지고 있는지 판별하기

document.hasFocus() 메서드를 사용하면, 사용자가 현재 해당 HTML 문서가 로드된 창에 포커스를 두고 있는지를 알 수 있다. 다음 코드에서는 코드를 실행한 후 다른 창/탭/애플리케이션에 포커스를 가져가면, hasFocus()가 false를 반환한다.

✎ **Live code**   http://jsfiddle.net/domenlightenment/JkE3d

```html
<!DOCTYPE html>
<html lang="en">
<body>

<script>

/* 문서가 로드된 창/탭에 계속 포커스를 두면 true가 반환된다.
그렇지 않을 경우, false가 반환된다. */
setTimeout(function(){console.log(document.hasFocus())},5000);

</script>
</body>
</html>
```

2.9 document.defaultView는 최상위/전역 개체에 대한 바로가기다

defaultView 속성은 JavaScript 최상위 개체, 혹은 전역 개체라고 불리는 것에 대한 바로가기다. 웹 브라우저에서 최상위 개체는 window 개체이므로, JavaScript 브라우저 환경에서 defaultView는 이 개체를 가리킨다. 다음 코드는 브라우저에서 defaultView의 값을 보여준다.

✎ **Live code**   http://jsfiddle.net/domenlightenment/QqK6Q

```html
<!DOCTYPE html>
<html lang="en">
<body>
<script>
```

```
console.log(document.defaultView) /* 최상위 JS 개체에 대한 참조.
                                     브라우저에서는 window 개체다. */

</script>
</body>
</html>
```

최상위 개체가 없는 DOM이나 웹 브라우저 내에서 실행되지 않는 JavaScript 환경(예: Node.js)의 경우, 이 속성은 최상위 개체 영역에 접근할 수 있게 해준다.

2.10 Element에서 ownerDocument를 사용하여 Document에 대한 참조 얻기

노드에서 ownerDocument 속성을 호출하면, 노드가 포함된 document에 대한 참조를 반환한다. 다음 코드에서는 HTML 문서 내의 <body>에서 document에 대한 참조를 얻고, iframe 내에 포함된 <body> element에서 document 노드를 얻어낸다.

```
<!DOCTYPE html>
<html lang="en">
<body>

<iframe src="http://someFileServedFromServerOnSameDomain.html"></iframe>

<script>

//<body>가 포함된 window.document를 얻음.
console.log(document.body.ownerElement) ;

//ifrarme 내의 <body>가 포함된 window.document를 얻음.
console.log(window.frames[0].document.body.ownerElement) ;

</script>
</body>
</html>
```

document 노드에서 ownerDocument를 호출하면 null 값이 반환된다.

3장
Element 노드

3.1 HTML*Element 개체 개요

HTML 문서 내의 각 element들은 고유한 성질을 가지며, 각자 element를 DOM 트리 내의 노드 개체로 인스턴스화하는 고유한 JavaScript 생성자를 가진다. 예를 들어, <a> element는 HTMLAnchorElement() 생성자를 통해 DOM 노드로 만들어진다. 다음 코드에 서는 anchor element가 HTMLAnchorElement()로부터 만들어졌는지를 확인한다.

✍ **Live code**	**http://jsfiddle.net/domenlightenment/TgcNu**

```
<!DOCTYPE html>
<html lang="en">
<body>

<a></a>

<script>
/* DOM에서 <a> element 노드를 가저와 생성하는 데 사용된 생성자의 이름을 물어본다. */
console.log(document.querySelector('a').constructor);
//function HTMLAnchorElement() { [native code] }가 출력된다.

</script>
</body>
</html>
```

이 코드 예제의 요점은 DOM에서 각 element가 고유한 JavaScript 인터페이스/생성자를 통해 만들어진다는 것이다. 다음 목록에서는 HTML element를 생성하는 데 사용되는 인터페이스/생성자들을 알 수 있다.

HTMLHtmlElement	HTMLParagraphElement
HTMLHeadElement	HTMLHeadingElement
HTMLLinkElement	HTMLQuoteElement
HTMLTitleElement	HTMLPreElement
HTMLMetaElement	HTMLBRElement
HTMLBaseElement	HTMLBaseFontElement
HTMLIsIndexElement	HTMLFontElement
HTMLStyleElement	HTMLHRElement
HTMLBodyElement	HTMLModElement
HTMLFormElement	HTMLAnchorElement
HTMLSelectElement	HTMLImageElement
HTMLOptGroupElement	HTMLObjectElement
HTMLOptionElement	HTMLParamElement
HTMLInputElement	HTMLAppletElement
HTMLTextAreaElement	HTMLMapElement
HTMLButtonElement	HTMLAreaElement
HTMLLabelElement	HTMLScriptElement
HTMLFieldSetElement	HTMLTableElement
HTMLLegendElement	HTMLTableCaptionElement
HTMLUListElement	HTMLTableColElement
HTMLOListElement	HTMLTableSectionElement
HTMLDListElement	HTMLTableRowElement
HTMLDirectoryElement	HTMLTableCellElement
HTMLMenuElement	HTMLFrameSetElement
HTMLLIElement	HTMLFrameElement
HTMLDivElement	HTMLIFrameElement

전체 목록은 http://bit.ly/YIV4RR에 있다. 이 목록에서 각 HTML*Element는 HTMLElement, Element, Node, Object로부터 속성 및 메서드를 상속받는다는 것을 유념한다.

3.2 HTML*Element 개체의 속성 및 메서드(상속받은 것 포함)

HTML*Element 노드에 존재하는 속성 및 메서드와 관련된 정확한 정보를 얻으려면, 사양 서를 무시하고 브라우저에 물어보는 것이 제일 좋다. 다음 코드에서 생성한 배열을 살펴 보면 HTML element 노드에 존재하는 속성 및 메서드에 대해 상세히 알 수 있다.

```
<!DOCTYPE html>
<html lang="en">
<body>

<a href="#">Hi</a>

<script>

var anchor = document.querySelector('a');

//element 고유 속성
console.log(Object.keys(anchor).sort());

//element 고유 속성 및 상속받은 속성
var documentPropertiesIncludeInherited = [];
for(var p in document){
    documentPropertiesIncludeInherited.push(p);
}
console.log(documentPropertiesIncludeInherited.sort());

//element가 상속받은 속성만
var documentPropertiesOnlyInherited = [];
for(var p in document){
    if(!document.hasOwnProperty(p)){
        documentPropertiesOnlyInherited.push(p);
    }
}
console.log(documentPropertiesOnlyInherited.sort());

</script>
</body>
</html>
```

상속받은 속성을 고려하지 않더라도, 많은 속성이 존재한다. 다음은 이번 장에서 중요하게 생각되는 주요 속성 및 메서드(상속받은 것 포함)들의 목록이다.

- createElement()

- tagName

- children

- getAttribute()

- setAttribute()

- hasAttribute()

- removeAttribute()

- classList()

- dataset

- attributes

전체 목록의 경우, 대부분의 HTML element에 존재하는 일반적인 속성 및 메서드를 다루고 있는 MDN 문서(http://mzl.la/YRmqp5)를 살펴보기 바란다.

3.3 Element 생성

Element 노드는 브라우저가 HTML 문서를 해석해서 문서 콘텐츠를 기반으로 대응되는 DOM이 만들어질 때 인스턴스화된다. 이것 외에 **createElement()**를 사용하여 프로그래밍적으로 Element 노드를 생성할 수도 있다. 다음 코드에서는 <textarea> element 노드를 생성한 후, 현재 DOM 트리에 해당 노드를 삽입한다.

✎ Live code	http://jsfiddle.net/domenlightenment/d3Yvv

```
<!DOCTYPE html>
<html lang="en">
<body>
<script>

var elementNode = document.createElement('textarea'); /* HTMLTextAreaElement()
                                      는 <textarea>를 생성한다. */
document.body.appendChild(elementNode);
```

```
console.log(document.querySelector('textarea'));  //이제 DOM 내에 존재하는지 확인한다.

</script>
</body>
</html>
```

createElement( ) 메서드에 전달되는 값은 생성할 Element의 형식(태그 이름)을 지정하는 문자열이다.

Note

createElement에 전달되는 값은 element가 생성되기 전에 소문자 문자열로 변경된다.

3.4 Element의 태그 이름 얻기

tagName 속성을 사용하면, element의 이름에 접근할 수 있다 tagName 속성은 nodeName이 반환하는 것과 동일한 값을 반환한다. 원본 HTML 문서에서의 대소문자 여부에 관계없이 둘 다 값을 대문자로 반환한다.

다음 코드에서는 DOM에서 **<a>** element의 이름을 가져온다.

| ✎ **Live code** | http://jsfiddle.net/domenlightenment/YJb3W |

```
<!DOCTYPE html>
<html lang="en">
<body>

<a href="#">Hi</a>

<script>

console.log(document.querySelector('a').tagName); //A가 출력됨.

//nodeName 속성도 동일한 값을 반환한다.
console.log(document.querySelector('a').nodeName); //A가 출력됨.
```

```
</script>
</body>
</html>
```

3.5 Element의 Attribute 및 값에 대한 리스트/컬렉션 얻기

attributes 속성(element 노드가 Node로부터 상속받음)을 사용하면, 현재 element에 정의된 Attr 노드의 컬렉션을 얻을 수 있다. 반환된 리스트는 NamedNodeMap이다. 다음 코드에서는 attribute 컬렉션에 대해 루프를 돌면서, 컬렉션 내에 포함된 각 Attr 노드 개체를 살펴본다.

✎ Live code	http://jsfiddle.net/domenlightenment/9gVQf

```
<!DOCTYPE html>
<html lang="en">
<body>

<a href='#' title="title" data-foo="dataFoo" class="yes" style="margin:0;"
  foo="boo"></a>

<script>

var atts = document.querySelector('a').attributes;

for(var i=0; i< atts.length; i++){
    console.log(atts[i].nodeName +'='+ atts[i].nodeValue);
}

</script>
</body>
</html>
```

Note

attributes 속성을 통해 반환되는 배열은 라이브 상태라는 점을 고려해야 한다. 이는 내용물이 언제든지 변경될 수 있다는 것을 의미한다.

반환된 배열이 상속받고 있는 NamedNodeMap은 getNamedItem(), setNamedItem(), removeNamedItem()과 같이 배열을 조작하기 위한 메서드를 제공한다. 이 메서드들을 사용하여 attributes를 조작하는 것보다는 getAttribute(), setAttribute(), hasAttribute(), removeAttribute()를 사용하는 것이 좋다. 필자의 의견으로, Attr 노드들을 다루는 것은 귀찮은 작업이다. attributes를 사용할 때의 유일한 이점은 라이브 상태의 attributes 목록을 반환한다는 것뿐이다.

attributes 속성은 유사 배열 컬렉션이며, 읽기 전용인 length 속성을 가진다.

Boolean attribute(예: `<option selected>foo</option>`)가 attributes 목록에 나타나더라도, 값을 지정하기 전에는 값이 없는 상태다(예: `<option selected="selected">foo</option>`).

3.6 Element의 Attribute 값 획득 · 설정 · 제거

element의 attribute 값을 가져오고, 설정 및 제거하기 위한 가장 일관된 방법은 getAttribute(), setAttribute(), removeAttribute() 메서드를 사용하는 것이다. 다음 코드에서는 element의 attribute를 관리하기 위해 각 메서드를 사용하는 예를 들고 있다.

✎ **Live code**	http://jsfiddle.net/domenlightenment/wp7rq

```
<!DOCTYPE html>
<html lang="en">
<body>

<a href='#' title="title" data-foo="dataFoo" style="margin:0;" class="yes"
  foo="boo" hidden="hidden">#link</a>

<script>

var atts = document.querySelector('a');

//attribute 제거.
```

```
atts.removeAttribute('href');
atts.removeAttribute('title');
atts.removeAttribute('style');
atts.removeAttribute('data-foo');
atts.removeAttribute('class');
atts.removeAttribute('foo'); //사용자 정의 attribute
atts.removeAttribute('hidden'); //boolean attribute

//attribute 설정(실제로는 재설정임).
atts.setAttribute('href','#');
atts.setAttribute('title','title');
atts.setAttribute('style','margin:0;');
atts.setAttribute('data-foo','dataFoo');
atts.setAttribute('class','yes');
atts.setAttribute('foo','boo');
atts.setAttribute('hidden','hidden'); /* boolean attribute는 attribute를 값으로
                                         도 보내야 한다. */

//attribute 가져오기.
console.log(atts.getAttribute('href'));
console.log(atts.getAttribute('title'));
console.log(atts.getAttribute('style'));
console.log(atts.getAttribute('data-foo'));
console.log(atts.getAttribute('class'));
console.log(atts.getAttribute('foo'));
console.log(atts.getAttribute('hidden'));

</script>
</body>
</html>
```

Note

setAttribute()를 사용하여 attribute 값을 null이나 ''로 설정하지 말고 removeAttribute()를 사용하기 바란다.

일부 element attribute는 element 노드에서 개체 속성으로 존재한다(예: document.body.id나 document.body.className). 작성자는 이 속성을 사용하지 말고 attribute에 대한 remove, set, get 메서드를 사용하도록 권고하고 있다.

3.7 Element가 특정 attribute를 가지고 있는지 확인하기

element가 attribute를 가지고 있는지 판별(즉 true나 false)하기 위한 가장 좋은 방법은 hasAttribute() 메서드를 사용하는 것이다. 다음 코드에서는 <a>가 href, title, style, data-foo, class, foo라는 attribute를 가지고 있는지 확인한다.

✎ **Live code**   **http://jsfiddle.net/domenlightenment/hbCCE**

```
<!DOCTYPE html>
<html lang="en">
<body>

<a href='#' title="title" data-foo="dataFoo" style="margin:0;" class="yes"
   goo></a>

<script>

var atts = document.querySelector('a');

console.log(
    atts.hasAttribute('href'),
    atts.hasAttribute('title'),
    atts.hasAttribute('style'),
    atts.hasAttribute('data-foo'),
    atts.hasAttribute('class'),
    atts.hasAttribute('goo')  /* 이 코드는 값이 정의되었는지의 여부에 관계없이 true라
                                 는 점에 유의하자. */
)

</script>
</body>
</html>
```

이 메서드는 element가 attribute를 포함하고 있으면(attribute가 값을 가지지 않더라도) true를 반환한다. 예를 들어, hasAttribute()를 사용하면 Boolean attribute의 경우 Boolean 응답을 얻을 수 있다. 다음 코드 예제에서는 checkbox가 체크되었는지를 알아보기 위한 테스트를 수행한다.

```
<!DOCTYPE html>
<html lang="en">
<body>

<input type="checkbox" checked></input>

<script>

var atts = document.querySelector('input');

console.log(atts.hasAttribute('checked')); //true가 출력됨.

</script>
</body>
</html>
```

3.8 Class Attribute 값 리스트 얻기

element 노드에 존재하는 classList 속성을 사용하면 className 속성에서 반환되는 공백으로 구분된 문자열 값을 사용하는 것보다 훨씬 쉽게 class attribute 값 리스트 (예: DOMTokenList)에 접근할 수 있다. 다음 코드에서는 classList를 사용하는 것과 className을 비교하고 있다.

```
<!DOCTYPE html>
<html lang="en">
<body>

<div class="big brown bear"></div>

<script>

var elm = document.querySelector('div');
```

```
console.log(elm.classList); /* big brown bear {0="big", 1="brown",
                               2="bear", length=3, ...} */
console.log(elm.className); //'big brown bear'가 출력됨.

</script>
</body>
</html>
```

Note

classList는 유사 배열 컬렉션이며, 읽기 전용인 length 속성을 가진다.

classList는 읽기 전용이지만 add(), remove(), contains(), toggle() 메서드를
사용해서 변경할 수 있다.

IE 9은 classList를 지원하지 않으며, IE 10부터 지원된다. https://github.com/
eligrey/classList.js나 https://gist.github.com/1381839와 같은 외부 구현 코드
(polyfill)가 존재한다.

3.9 Class attribute에 하위 값 추가 및 제거하기

classList.add()와 classList.remove() 메서드를 사용하면, class attribute의 값을 간단하
게 편집할 수 있다. 다음 코드에서는 class 값을 추가하고 제거하는 예를 보여준다.

✎ Live code	http://jsfiddle.net/domenlightenment/YVaUU

```
<!DOCTYPE html>
<html lang="en">
<body>
<div class="dog"></div>

<script>

var elm = document.querySelector('div');

elm.classList.add('cat');
elm.classList.remove('dog');
```

```
console.log(elm.className); //'cat'

</script>
</body>
</html>
```

3.10 Class attribute 값 토글

classList.toggle() 메서드를 사용하면, class attribute의 하위 값을 토글시킬 수 있다. 이 메서드는 값이 누락된 경우 추가하거나 값이 이미 있는 경우 제거할 수 있게 해준다. 다음 코드에서는 'visible' 값과 'grow' 값을 토글시킨다. 이는 class attribute 값에서 'visible'를 제거하고 'grow'를 추가하는 것을 의미한다.

✎ **Live code**   http://jsfiddle.net/domenlightenment/uFp6J

```
<!DOCTYPE html>
<html lang="en">
<body>
<div class="visible"></div>

<script>

var elm = document.querySelector('div');

elm.classList.toggle('visible');
elm.classList.toggle('grow');
console.log(elm.className); //'grow'

</script>
</body>
</html>
```

3.11 Class attribute 값이 특정 값을 가지고 있는지 판별하기

classList.contains() 메서드를 사용하면, class attribute 값이 특정 하위 값을 가지고 있

는지를 판별(즉 true나 false)할 수 있다. 다음 코드에서는 `<div>` class attribute가 brown
이라는 하위 값을 가지고 있는지를 테스트한다.

✎ **Live code** **http://jsfiddle.net/domenlightenment/njyaP**

```
<!DOCTYPE html>
<html lang="en">
<body>
<div class="big brown bear"></div>

<script>

var elm = document.querySelector('div');

console.log(elm.classList.contains('brown')); //true가 출력됨.

</script>
</body>
</html>
```

3.12 data-* attribute를 가져오고 설정하기

element 노드의 **dataset** 속성은 element에서 **data-*** 로 시작하는 모든 attribute를 가진
개체를 제공해준다. 이 개체는 JavaScript 개체이므로, **dataset**을 조작해서 DOM 내의
element에 변경 내용을 반영할 수 있다.

✎ **Live code** **http://jsfiddle.net/domenlightenment/ystgj**

```
<!DOCTYPE html>
<html lang="en">
<body>

<div data-foo-foo="foo" data-bar-bar="bar"></div>

<script>
```

```
var elm = document.querySelector('div');

//가져오기.
console.log(elm.dataset.fooFoo); //'foo'가 출력됨.
console.log(elm.dataset.barBar); //'bar'가 출력됨.

//설정하기.
elm.dataset.gooGoo = 'goo';
console.log(elm.dataset); /* DOMStringMap {fooFoo="foo", barBar="bar",
                            gooGoo="goo"}이 출력됨. */

//element가 DOM 내에서 어떤 모습인지를 확인하기.
console.log(elm); /* <div data-foo-foo="foo" data-bar-bar="bar" data-goo-
                goo="goo">가 출력됨. */

</script>
</body>
</html>
```

Note

dataset은 data attribute들의 camelCase 버전을 가지고 있다. 즉 data-foo-foo는 dataset DOMStringMap 개체 내에 fooFoo라는 속성으로 나열된다. 하이픈(-)은 camelCasing으로 대체된다.

DOM에서 data-* attribute를 제거하려면, dataset의 속성에 대해 delete 연산자를 사용하면 된다(예: delete dataset.fooFoo).

dataset은 IE9에서 제공되지 않으며, 외부 구현 코드(http://bit.ly/YoKOKP)가 존재한다.

하지만 getAttribute('data-foo'), removeAttribute('data-foo'), setAttribute('data-foo'), hasAttribute('data-foo')는 언제나 사용 가능하다.

4장

Element 노드 선택

4.1 특정 Element 노드 선택하기

단일 element 노드에 대한 참조를 얻는 데 가장 흔히 사용되는 메서드는 다음과 같다.

- querySelector()
- getElementById()

다음 코드에서는 두 메서드를 활용하여 HTML 문서에서 element 노드를 선택한다.

📝 **Live code**	http://jsfiddle.net/domenlightenment/b4Rch

```
<!DOCTYPE html>
<html lang="en">
<body>

<ul>
<li>Hello</li>
<li>big</li>
<li>bad</li>
<li id="last">world</li>
</ul>

<script>

console.log(document.querySelector('li').textContent); //Hello를 출력.
console.log(document.getElementById('last').textContent); //world를 출력.
```

```
</script>
</body>
</html>
```

getElementById() 메서드는 querySelector() 메서드에 비해 매우 단순하다.
querySelector() 메서드는 CSS selector 문법 형식의 매개변수를 허용한다. 이 메서드
에 CSS3 selector(예: #score>tbody>tr>td:nth-of-type(2))를 전달하면, DOM에서 단일
element를 선택하는 데 사용된다.

Note

querySelector()는 selector를 기반으로 문서 내에서 발견되는 첫 번째 노드
element를 반환한다. 예를 들어, 앞의 코드에서는 CSS 내의 모든 <li> element를
선택하도록 selector를 전달했지만, 첫 번째 것만 반환된다.

querySelector()는 element 노드에도 정의되어 있다. 그 덕분에 메서드의 결과를
DOM 트리의 특정 부분에 한정할 수 있어서 상황에 맞는 쿼리를 할 수 있게 해준다.

4.2 Element 노드 리스트 선택 및 생성하기

HTML 문서 내의 노드 리스트(NodeList)를 선택 및 생성하는 데 가장 흔히 사용되는
메서드는 다음과 같다.

- querySelectorAll()
- getElementsByTagName()
- getElementsByClassName()

다음 코드에서는 이 세 가지 메서드를 사용하여 문서 내의 <li> element에 대한 리스트
를 생성한다.

| ✎ Live code | http://jsfiddle.net/domenlightenment/nT7Lr |

```
<!DOCTYPE html>
<html lang="en">
<body>
```

```
<ul>
<li class="liClass">Hello</li>
<li class="liClass">big</li>
<li class="liClass">bad</li>
<li class="liClass">world</li>
</ul >

<script>

// 다음 메서드들은 모두 DOM 내의 <li> element 리스트를 동일하게 생성 및 선택한다.
console.log(document.querySelectorAll('li'));
console.log(document.getElementsByTagName('li'));
console.log(document.getElementsByClassName('liClass'));

</script>
</body>
</html>
```

이 코드 예제에서 사용된 메서드들은 특정 element 하나를 선택하는 것이 아니라, 선택한 element들의 리스트(NodeList)를 생성한다.

Note

getElementsByTagName()과 getElementsByClassName()으로 생성된 NodeList는 라이브 상태로 간주되며, 리스트를 생성하고 선택한 후에 문서가 업데이트된 경우에도 문서의 상태를 항상 반영한다.

querySelectorAll() 메서드는 라이브 상태의 element 리스트를 반환하지 않는다. 이는 querySelectorAll()에서 반환하는 리스트는 리스트 생성 시점의 문서 스냅샷이며, 문서의 변경 내용을 반영하지 않는다는 것을 의미한다. 해당 리스트는 정적이며, 라이브 상태가 아니다.

querySelectorAll(), getElementsByTagName(), getElementsByClassName()은 element 노드에도 정의되어 있다. 그 덕분에 메서드의 결과를 DOM 트리의 특정 부분(혹은 일련의 부분)에 한정할 수 있다(예: document.getElementById('header').getElementsByClass Name('a')).

getElementsByName() 메서드를 언급하지 않았는데, 일반적으로 다른 방안들에 비해 효용성이 떨어지기 때문이다. 하지만 문서에서 동일한 name attribute 값을 가진 form, img, frame, embed, object element를 선택할 때는 이 메서드가 있다는 것을 알아둘 필요가 있다.

querySelectorAll()이나 getElementsByTagName()에 문자열 '*'(일반적으로 "전체"를 의미)를 전달하면, 문서 내의 모든 element 리스트를 반환한다.

childNodes도 querySelectorAll(), getElementsByTagName(),getElementsByClassName()처럼 NodeList를 반환한다는 것을 명심하기 바란다.

NodeList는 유사 배열 리스트/컬렉션이며, 읽기 전용인 length 속성(array의 메서드를 상속받은 것은 아님)을 가진다.

4.3 직계 자식 Element 노드를 모두 선택하기

element 노드에서 children 속성을 사용하면, element 노드의 직계 자식 노드 전체 리스트(HTMLCollection)를 얻을 수 있다. 다음 코드에서는 children을 사용하여 <ul> 내에 포함된 모든 <li>를 선택하여 리스트를 만든다.

✎ **Live code**   **http://jsfiddle.net/domenlightenment/svfRC**

```
<!DOCTYPE html>
<html lang="en">
<body>

<ul>
<li><strong>Hi</strong></li>
<li>there</li>
</ul>

<script>

var ulElement = document.querySelector('ul').children;

//모든 직계 자식 element 노드 리스트/배열을 출력.
console.log(ulElement); //[<li>, <li>]를 출력.
```

```
</script>
</body>
</html>
```

children은 직계 element 노드만을 제공하며, element가 아닌 노드(예: text 노드)는 제외된다. element에 자식이 없는 경우, **children**은 빈 유사 배열 리스트를 반환한다.

Note

HTMLCollection은 element를 문서 내의 순서대로 가진다. 즉 element가 DOM에 나타나는 순서대로 배열 내에 위치한다.

HTMLCollection은 라이브 상태이므로, 문서가 변경되면 동적으로 컬렉션에 반영된다.

4.4 컨텍스트 기반 Element 선택

통상적으로 document 개체를 통해 접근되는 querySelector( ), querySelectorAll( ), getElementsByTagName( ), getElementsByClassName( )은 element 노드에도 정의되어 있다. 이는 해당 메서드의 결과를 DOM 트리의 특정 부분(혹은 일련의 부분들)으로 제한할 수 있게 해준다. 달리 말해, element 노드 개체에서 이 메서드를 호출하면, element 노드를 검색하고자 하는 특정 컨텍스트를 선택할 수 있다는 것이다.

| ✎ Live code | http://jsfiddle.net/domenlightenment/fL6tV |

```
<!DOCTYPE html>
<html lang="en">
<body>

<div>
<ul>
<li class="liClass">Hello</li>
<li class="liClass">big</li>
<li class="liClass">bad</li>
<li class="liClass">world</li>
</ul>
```

```
</div>

<ul>
<li class="liClass">Hello</li>
</ul>

<script>

//div의 콘텐츠에 대해서만 선택 메서드를 실행하기 위해  div를 컨텍스트로 선택.
var div = document.querySelector('div');

console.log(div.querySelector('ul'));
console.log(div.querySelectorAll('li'));
console.log(div.getElementsByTagName('li'));
console.log(div.getElementsByClassName('liClass'));

</script>
</body>
</html>
```

이 메서드들은 라이브 상태의 DOM에서만 동작하는 것이 아니라, 코드로 생성한 DOM 구조에서도 동작한다.

✎ **Live code**   http://jsfiddle.net/domenlightenment/CCnva

```
<!DOCTYPE html>
<html lang="en">
<body>

<script>
//DOM 구조 생성.
var divElm = document.createElement('div');
var ulElm = document.createElement('ul');
var liElm = document.createElement('li');
liElm.setAttribute('class','liClass');
ulElm.appendChild(liElm); divElm.appendChild(ulElm);

//DOM 구조상에서 선택 메서드를 사용.
```

```
console.log(divElm.querySelector('ul'));
console.log(divElm.querySelectorAll('li'));
console.log(divElm.getElementsByTagName('li'));
console.log(divElm.getElementsByClassName('liClass'));

</body>
</html>
```

4.5 사전에 구성된 Element 노드 선택/리스트

HTML 문서에서 element 노드를 포함하고 있는 사전 구성된 유사 배열 리스트가 몇 개
존재한다는 것을 알아두자. 다음 목록은 이 중에서 알아두면 편리한 것들이 나와 있다.

document.all
  HTML 문서 내의 모든 element

document.forms
  HTML 문서 내의 모든 <form> element

document.images
  HTML 문서 내의 모든 <img> element

document.links
  HTML 문서 내의 모든 <a> element

document.scripts
  HTML 문서 내의 모든 <script> element

document.styleSheets
  HTML 문서 내의 모든 <link> 또는 <style> element

Note

앞의 사전에 구성된 배열들은 HTMLCollection 인터페이스/개체를 통해 생성되는데, document.styleSheets만 예외적으로 StyleSheetList를 사용한다.

HTMLCollection은 NodeList와 마찬가지로 라이브 상태다(querySelectorAll()은 제외).

특이하게 document.all은 HTMLCollection이 아닌 HTMLAllCollection으로 생성되며, Firefox에서 지원되지 않는다.

4.6 선택될 Element를 검증하기 위해 matchesSelector( )를 사용하기

matchesSelector() 메서드를 사용하면, element가 selector 문자열에 들어맞는지를 판별할 수 있다. 예를 들어, <li>가 <ul>의 첫 번째 자식 element인지를 판별하고 싶다고 가정해보자. 다음의 예제 코드에서는 <ul> 내의 첫 번째 <li>를 선택한 후, 이 element가 selector인 li:first-child에 들어맞는지를 물어본다. 실제로 그러하므로, matchesSelector() 메서드는 true를 반환한다.

✎ **Live code**   http://jsfiddle.net/domenlightenment/9RayM

```
<!DOCTYPE html>
<html lang="en">
<body>

<ul>
<li>Hello</li>
<li>world</li>
</ul>

<script>

//최신 브라우저에서는 브라우저 접두어인 moz, webkit, o, ms를 사용하지 않으면 실패한다.
console.log(document.querySelector('li').matchesSelector('li:first-child'));
//false가 출력됨.

//접두어 moz
```

```
/* console.log(document.querySelector('li').mozMatchesSelector
('li:first-child')); */

//접두어 webkit
/* console.log(document.querySelector('li').webkitMatchesSelector
('li:first-child')); */

//접두어 o
/* console.log(document.querySelector('li').oMatchesSelector
('li:first-child')); */

//접두어 ms
/* console.log(document.querySelector('li').msMatchesSelector
('li:first-child')); */

</script>
</body>
</html>
```

Note

mozMatchesSelector(), webkitMatchesSelector(), oMatchesSelector(), msMatchesSelector()와 같은 브라우저 접두어를 사용하는 것을 보면, matchesSelector()는 브라우저로부터 그다지 환영받지 못해온 것을 알 수 있다.

향후, matchesSelector()는 matches()로 이름이 변경될 것이다.

5장

Element 노드 지오메트리와
스크롤링 지오메트리

5.1 Element 노드 크기, 오프셋, 스크롤링 개요

HTML 문서를 웹 브라우저에서 볼 때, DOM 노드가 해석되어 시각적인 모양으로 그려진다. 노드(대부분 element 노드)는 브라우저에서 볼 수 있는 시각적인 표현 형태를 가지고 있다. 노드의 시각적인 형태와 지오메트리를 프로그래밍을 통해 살펴보고 조작하기 위해 일련의 API들이 존재하는데 CSSOM View Module(http://www.w3.org/TR/cssom-view)에 정의되어 있다. 이 사양서에서 찾아볼 수 있는 메서드 및 속성의 하위 집합에서는 element 노드의 지오메트리(크기 및 오프셋을 사용한 위치)를 측정하는 것뿐만 아니라, 스크롤이 가능한 노드를 조작하기 위해 가로채고, 스크롤된 노드의 값을 가져오기 위한 API도 제공한다. 이번 장에서는 이러한 메서드와 속성들을 하나씩 살펴본다.

Note

CSSOM View Module 사양에 있는 대부분의 속성(scrollLeft와 scrollTop은 제외)은 읽기 전용이며 접근 시마다 매번 계산된다. 즉 이 값들은 라이브 상태다.

5.2 offsetParent를 기준으로 element의 offsetTop 및 offsetLeft 값을 가져오기

offsetTop 및 offsetLeft 속성을 사용하면, offsetParent로부터 element 노드의 오프셋 픽셀 값을 가져올 수 있다. 이 element 노드 속성들은 element의 바깥쪽 좌상

단 경계로부터 offsetParent의 안쪽 좌상단 경계까지의 거리를 픽셀로 제공해준다. offsetParent의 값은 가장 가까운 부모 element 중에서 CSS 위치 값이 static이 아닌 element를 검색하여 결정된다. 아무 element도 발견되지 않으면, offsetParent의 값은 <body> element나 "document"에 해당하는 것(브라우저의 viewport와는 다름)이 된다. 부모를 탐색하는 동안 CSS 위치 값이 static인 <td>, <th>, <table> element가 발견되면, 이 element가 offsetParent 값이 된다.

offsetTop과 offsetLeft가 예상한 값을 제공하는지 확인해보자. 다음 코드에서 offsetLeft와 offsetTop 속성은 id가 red인 <div>는 offsetParent(이 예제에서는 <body> element)의 좌상단으로부터 60픽셀 떨어져 있다는 것을 알려준다.

✎ Live code	http://jsfiddle.net/domenlightenment/dj5h9

```
<!DOCTYPE html>
<html lang="en">
<head>
<style>
body{margin:0;}
#blue{height:100px;width:100px;background-color:blue;border:10px solid gray;
    padding:25px;margin:25px;}
#red{height:50px;width:50px;background-color:red;border:10px solid gray;}
</style>
</head>
<body>

<div id="blue"><div id="red"></div></div>

<script>

var div = document.querySelector('#red');

console.log(div.offsetLeft); //60이 출력됨.
console.log(div.offsetTop); //60이 출력됨.
console.log(div.offsetParent); //<body>가 출력됨.

</script>
</body>
```

```
</html>
```

이 코드가 브라우저에서 어떻게 표시되는지를 보여주는 그림 5-1을 보면, `offsetLeft`
와 `offsetTop` 값이 어떻게 결정되는지를 보다 잘 이해할 수 있다. 이미지의 ❶번 사각형
`<div>`는 `offsetParent`로부터 정확히 60픽셀이다.

❶번 사각형 `<div>` element의 바깥쪽 테두리로부터 `offsetParent`(예: `<body>`)의 안쪽 테
두리까지로 측정하고 있다는 점에 유의한다.

그림 5-1. offsetParent로부터 60픽셀인 〈div id="red"〉〈/div〉

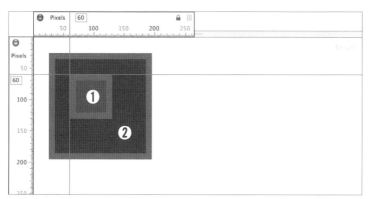

이전에 언급했듯이, 앞의 코드에서 ❷번 사각형 `<div>`가 절대 위치를 가지도록 변경하면
`offsetParent`의 값이 바뀐다. 다음 코드에서 ❷번 사각형 `<div>`를 절대 위치로 변경하면
`offsetLeft`와 `offsetTop`에서 반환되는 값은 25픽셀이 된다. 이는 이제 `offsetParent`
가 `<body>`가 아닌 ❷번 사각형 `<div>`이기 때문이다.

✎ **Live code** http://jsfiddle.net/domenlightenment/ft2ZQ

```
<!DOCTYPE html>
<html lang="en">
<head>
<style>
#blue{height:100px;width:100px;background-color:blue;border:10px solid gray;
   padding:25px;margin:25px;position:absolute;}
#red{height:50px;width:50px;background-color:red;border:10px solid gray;}
</style>
```

```
</head>
<body>

<div id="blue"><div id="red"></div></div>

<script>

var div = document.querySelector('#red');

console.log(div.offsetLeft);  //25가 출력됨.
console.log(div.offsetTop);  //25가 출력됨.
console.log(div.offsetParent);  //<div id="blue">가 출력됨.

</script>
</body>
</html>
```

브라우저에서 보이는 모양(그림 5-2)을 보면, offsetParent가 ❷번 사각형 <div>일 때 offsetLeft와 offsetTop에서 반환되는 새 측정 값이 명확해진다.

그림 5-2. offsetParent로부터 25픽셀인 〈div id="red"〉〈/div〉

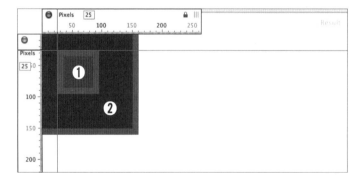

Note

대부분의 브라우저에서는 offsetParent가 <body>이고 <body>나 <html> element 가 눈에 보이는 여백(margin), 패딩(padding), 테두리 값을 가지는 경우 바깥쪽 테두리에서 안쪽 테두리까지의 측정이 제대로 되지 않는다.

offsetParent, offsetTop, offsetLeft는 HTMLElement 개체의 확장이다.

5.3 getBoundingClientRect( )를 사용하여 뷰포트를 기준으로 element의 Top, Right, Bottom, Left 테두리 오프셋을 얻기

getBoundingClientRect( ) 메서드를 사용하면, 뷰포트(Viewport)의 좌상단 끝을 기준으로 element가 브라우저에서 그려질 때 element의 바깥쪽 테두리 위치를 얻을 수 있다. left 및 right는 element의 바깥쪽 테두리로부터 뷰포트의 왼쪽 끝까지로 측정되며, top과 bottom은 element의 바깥쪽 테두리로부터 뷰포트의 상단 끝까지로 측정된다.

다음 코드에서는 10픽셀의 테두리와 100픽셀의 여백을 가진 50x50 픽셀 크기의 <div>를 생성한다. <div>의 각 테두리 끝으로부터의 거리를 픽셀로 얻어내기 위해 <div>에서 getBoundingClientRect() 메서드를 호출하면 top, right, bottom, left 속성을 가진 개체가 반환된다.

> ✒ **Live code**　http://jsfiddle.net/domenlightenment/A3RN9

```
<!DOCTYPE html>
<html lang="en">
<head>
<style>
body{margin:0;}
div{height:50px;width:50px;background-color:red;border:10px solid gray;
  margin:100px;}
</style>
</head>
<body>

<div></div>

<script>

var divEdges = document.querySelector('div').getBoundingClientRect();

console.log(divEdges.top, divEdges.right, divEdges.bottom, divEdges.left);
//'100 170 170 100'가 출력됨.

</script>
```

```
    </body>
    </html>
```

그림 5-3은 getBoundingClientRect( )가 어떻게 계산되는지를 보여주기 위해, 앞의 코
드가 브라우저에서 렌더링되는 모습을 측정 표시와 함께 보여준다.

그림 5-3. 뷰포트 끝으로부터 top, right, bottom, left가 100픽셀인 〈div id="red"〉〈/div〉

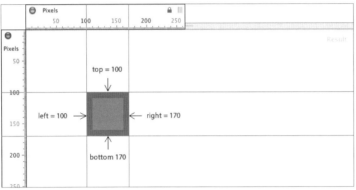

〈div〉 element의 top은 뷰포트의 상단 끝으로부터 100픽셀이다. 〈div〉 element의 right
는 뷰포트의 왼쪽 끝으로부터 170픽셀이다. 〈div〉 element의 bottom은 뷰포트의 상단
끝으로부터 170픽셀이며, left는 뷰포트의 왼쪽 끝으로부터 100픽셀이다.

5.4 뷰포트에서 element의 크기(테두리 + 패딩 + 내용) 얻기

getBoundingClientRect( ) 메서드는 top, right, bottom, left 속성/값뿐만 아니
라 height와 width 속성/값도 가지고 있는 개체를 반환한다. height와 width 속성은
element의 크기를 가리키는데, 전체 크기는 div의 내용, 패딩, 테두리를 모두 더한 것이다.

다음 코드에서는 getBoundingClientRect()를 사용하여 DOM에서 〈div〉 element의 크기
를 얻는다.

✎ **Live code**   http://jsfiddle.net/domenlightenment/PuXmL

```
    <!DOCTYPE html>
    <html lang="en">
```

```
<head>
<style>
div{height:25px;width:25px;background-color:red;border:25px solid gray;
   padding:25px;}
</style>
</head>
<body>

<div></div>

<script>

var div = document.querySelector('div').getBoundingClientRect();

console.log(div.height, div.width); //'125 125'가 출력됨.
//테두리 25px + 패딩 25px + 내용 25 + 패딩 25 + 테두리 25 = 125이기 때문임.

</script>
</body>
</html>
```

offsetHeight와 offsetWidth 속성을 사용해도 동일한 크기 값을 얻을 수 있다. 다음 코드에서는 이 속성들을 활용하여 getBoundingClientRect()에서 제공되는 값과 동일한 높이와 너비를 얻는다.

Live code   http://jsfiddle.net/domenlightenment/MSzL3

```
<!DOCTYPE html>
<html lang="en">
<head>
<style>
div{height:25px;width:25px;background-color:red;border:25px solid gray;
   padding:25px;}
</style>
</head>
<body>
```

```
<div></div>

<script>

var div = document.querySelector('div');

console.log(div.offsetHeight, div.offsetWidth); //'125 125'가 출력됨.
//테두리 25px + 패딩 25px + 내용 25 + 패딩 25 + 테두리 25 = 125이기 때문임.

</script>
</body>
</html>
```

5.5 뷰포트에서 테두리를 제외한 element의 크기(패딩 + 내용) 얻기

clientWidth와 clientHeight 속성은 테두리 크기를 제외하고 element의 내용과 패딩을
더해서 element의 전체 크기를 반환한다. 다음 코드에서는 이 두 속성을 사용하여 패딩
은 포함하되 테두리는 제외한 element의 높이와 너비를 얻는다.

✎ **Live code**   **http://jsfiddle.net/domenlightenment/bSrSb**

```
<!DOCTYPE html>
<html lang="en">
<head>
<style>
div{height:25px;width:25px;background-color:red;border:25px solid gray;
  padding:25px;}
</style>
</head>
<body>

<div></div>

<script>

var div = document.querySelector('div');
```

```
console.log(div.clientHeight, div.clientWidth); /* 패딩 25 + 내용 25 + 패딩 25
                                    = 75이므로 '75 75'가 출력됨. */

</script>
</body>
</html>
```

5.6 elementFromPoint( )를 사용하여 뷰포트의 특정 지점에서 최상단 element 얻기

elementFromPoint( )를 사용하면 HTML 문서의 특정 지점에서 최상단 element에 대한 참조를 얻을 수 있다. 다음의 예제 코드에서는 뷰포트의 top/left에서 50픽셀 떨어진 최상단 element를 물어본다. 해당 위치에 두 개의 **<div>**가 있는데, 최상단 div(또는 z-index 설정이 없는 경우에는 문서 순서상 마지막인 것)가 선택되어 반환된다.

✎ **Live code**   **http://jsfiddle.net/domenlightenment/8ksS5**

```
<!DOCTYPE html>
<html lang="en">
<head>
<style>
div{height:50px;width:50px;background-color:red;position:absolute;top:50px;
  left:50px;}
</style>
</head>
<body>

<div id="bottom"></div><div id="top"></div>

<script >

console.log(document.elementFromPoint(50,50)); //<div id="top">가 출력됨.

</script>
</body>
</html>
```

5.7 scrollHeight와 scrollWidth를 사용하여 스크롤될 element의 크기 얻기

scrollHeight와 scrollWidth 속성은 스크롤될 노드의 높이와 너비를 제공해준다. 예를 들어, 웹 브라우저에서 스크롤되는 HTML 문서를 열고 <html>이나 <body>의 속성(예: document.documentElement.scrollWidth나 document.body.scrollWidth)에 접근하면, 스크롤될 HTML 문서의 전체 크기를 얻을 수 있다. CSS를 사용하여 element에 스크롤을 적용(예: overflow:scroll)할 수 있으므로, 간단한 예제 코드를 살펴보도록 하자. 다음 코드에서는 <div>가 1,000x1,000 픽셀의 <p> element를 스크롤한다. <div>의 scrollHeight 와 scrollWidth 속성에 접근하면, 스크롤될 element가 1,000x1,000 픽셀임을 알려준다.

📎 **Live code**　　http://jsfiddle.net/domenlightenment/9sZtZ

```html
<!DOCTYPE html>
<html lang="en">
<head>
<style>
*{margin:0;padding:0;}
div{height:100px;width:100px; overflow:auto;}
p{height:1000px;width:1000px;background-color:red;}
</style>
</head>
<body>

<div><p></p></div>

<script>

var div = document.querySelector('div');

console.log(div.scrollHeight, div.scrollWidth); //'1000 1000'이 출력됨.

</script>
</body>
</html>
```

Note

스크롤 가능한 영역 내에 있는 노드가 스크롤 가능한 영역의 뷰포트보다 작은 경우에 해당 노드의 높이와 너비를 알아야 한다면, scrollHeight와 scrollWidth는 뷰포트의 크기를 반환하므로 사용하지 않는 것이 좋다. 스크롤될 노드가 스크롤 영역보다 작은 경우, 스크롤 가능한 영역 내에 포함된 노드의 크기를 판별하려면 clientHeight와 clientWidth를 사용한다.

5.8 scrollTop과 scrollLeft를 사용하여 top 및 left로부터 스크롤될 픽셀을 가져오거나 설정하기

scrollTop과 scrollLeft 속성은 스크롤 때문에 현재 뷰포트에서 보이지 않는 left나 top 까지의 픽셀을 반환한다. 다음 코드에서는 `<p>` element를 스크롤하도록 `<div>`를 구성하였다.

✎ **Live code** http://jsfiddle.net/domenlightenment/DqZYH

```
<!DOCTYPE html>
<html lang="en">
<head>
<style>
div{height:100px;width:100px;overflow:auto;}
p{height:1000px;width:1000px;background-color:red;}
</style>
</head>
<body>

<div><p></p></div>

<script>

var div = document.querySelector('div');

div.scrollTop = 750;
div.scrollLeft = 750;
```

```
console.log(div.scrollTop,div.scrollLeft);  //'750 750'이 출력됨.

</script>
</body>
</html>
```

scrollTop과 scrollLeft를 750으로 설정하여, <div>를 프로그래밍적인 방법으로 스크롤 시켰다. 그 후 scrollTop과 scrollLeft의 현재 값을 얻으면, 좀 전에 설정한대로 750이라는 값이 반환된다. 750은 스크롤된 픽셀의 값이며, left와 top까지의 750픽셀이 뷰포트에서 보이지 않는다는 것을 가리킨다. 이 속성들을 left나 top까지 뷰포트에서 보이지 않는 내용을 픽셀로 측정한 것이라 생각하면 편리하다.

5.9 scrollIntoView( )를 사용하여 element를 View로 스크롤하기

스크롤이 가능한 노드 내에 있는 노드를 선택하면, scrollIntoView( ) 메서드를 사용하여 선택된 노드가 view로 스크롤되도록 할 수 있다. 다음 코드에서는 스크롤이 가능한 <div> 내에 있는 5번째 <p> element를 선택한 후, scrollIntoView( )를 호출한다.

✎ **Live code**   **http://jsfiddle.net/domenlightenment/SyeFZ**

```
<!DOCTYPE html>
<html lang="en">
<head>
<style>
div{height:30px;width:30px; overflow:auto;}
p{background-color:red;}
</style>
</head>
<body>
<div>
<content>
<p>1</p>
<p>2</p>
<p>3</p>
<p>4</p>
<p>5</p>
```

```
<p>6</p>
<p>7</p>
<p>8</p>
<p>9</p>
<p>10</p>
</content>
</div>

<script>

/* <p>5</p>를 선택해서, view로 스크롤시킨다. 0부터 시작하는 인덱스를 가지는 유사 배열 구
조이므로 children '4'를 전달한다. */
document.querySelector('content').children[4].scrollIntoView(true);

</script>
</body>
</html>
```

scrollIntoView( ) 메서드에 매개변수 true를 전달하면 해당 메서드로 하여금 스크롤될
대상 element의 top으로 스크롤하라는 것이다. 하지만 이는 해당 메서드가 수행하는 기
본 동작이므로, true 매개변수는 주지 않아도 된다. element의 bottom으로 스크롤시키고
싶다면, scrollIntoView( ) 메서드에 false 매개변수를 전달한다.

Element 노드 인라인 스타일

6.1 style attribute(element 인라인 CSS 속성이라고도 함) 개요

모든 HTML element는 해당 element에 한정된 인라인 CSS 속성을 넣는 데 사용할 수 있는 **style** attribute를 가진다. 다음 코드에서는 여러 인라인 CSS 속성을 가지고 있는 `<div>`의 **style** attribute에 접근하고 있다.

📝 **Live code**   http://jsfiddle.net/domenlightenment/A4Aph

```
<!DOCTYPE html>
<html lang="en">
<body>

<div style="background-color:red;border:1px solid black;height:100px;
  width:100px;"></div>

<script>

var divStyle = document.querySelector('div').style;

//CSSStyleDeclaration {0="background-color", ...}가 출력됨.
console.log(divStyle);

</script>
</body>
</html>
```

코드에서 **style** 속성이 문자열이 아닌 **CSSStyleDeclaration** 개체를 반환한다는 점에 유의한다. 또한 **CSSStyleDeclaration** 개체에는 element의 인라인 스타일만이 포함된다(즉 스타일시트에서 단계적으로 내려오면서 계산된 스타일은 아니다).

6.2 개별 인라인 CSS 속성 가져오기 · 설정 · 제거

인라인 CSS 스타일은 element 노드 개체에 존재하는 **style** 개체의 속성으로 각자 표현
된다. 단순히 개체의 속성 값을 설정하는 것으로 element의 개별 CSS 속성을 가져오거나
설정, 제거하는 인터페이스가 제공되는 것이다. 다음 코드에서는 **style** 개체의 속성을
조작하여 **<div>**의 스타일을 설정하고, 가져오며, 제거한다.

✎ **Live code**   http://jsfiddle.net/domenlightenment/xNT85

```
<!DOCTYPE html>
<html lang="en">
<body>

<div></div>

<script>

var divStyle = document.querySelector('div').style;

//설정.
divStyle.backgroundColor = 'red';
divStyle.border = '1px solid black';
divStyle.width = '100px';
divStyle.height = '100px';

//가져오기.
console.log(divStyle.backgroundColor);
console.log(divStyle.border);
console.log(divStyle.width);
console.log(divStyle.height);

/* 제거.
divStyle.backgroundColor = '';
divStyle.border = '';
divStyle.width = '';
```

```
divStyle.height = '';
*/

</script>
</body>
</html>
```

Note

style 개체에 포함된 속성명에는 CSS 속성명에서 사용되는 일반적인 하이픈이 포함되지 않는다. 변환 규칙은 매우 간단한데, 하이픈을 제거하고 카멜케이스(camelCase)를 사용하면 된다(예: font-size = fontSize, background-image = backgroundImage). CSS 속성명이 JavaScript 키워드인 경우, JavaScript CSS 속성명에는 css라는 접두어가 붙는다(예: float = cssFloat). 약칭 속성도 속성으로 사용 가능하다. 즉 marginTop뿐만 아니라 margin도 설정 가능하다.

측정 단위가 필요한 CSS 속성의 경우, 적절한 단위를 포함시켜야 한다(예: style.width = '300px';이며, style.width = '300';이 아님). 문서가 표준 모드로 렌더링될 때에는 측정 단위가 반드시 필요하며, 그렇지 않은 경우에는 무시된다. 유연 모드(quirks mode)에서는 측정 단위가 포함되지 않았다고 가정된다.

표 6-1에는 CSS 속성과 해당하는 JavaScript 속성이 나열되어 있다.

표 6-1. CSS 속성과 변환된 JavaScript 속성명

CSS 속성	JavaScript 속성
background	background
background-attachment	backgroundAttachment
background-color	backgroundColor
background-image	backgroundImage
background-position	backgroundPosition
background-repeat	backgroundRepeat
border	border
border-bottom	borderBottom
border-bottom-color	borderBottomColor
border-bottom-style	borderBottomStyle

border-bottom-width	borderBottomWidth
border-color	borderColor
border-left	borderLeft
border-left-color	borderLeftColor
border-left-style	borderLeftStyle
border-left-width	borderLeftWidth
border-right	borderRight
border-right-color	borderRightColor
border-right-style	borderRightStyle
border-right-width	borderRightWidth
border-style	borderStyle
border-top	borderTop
border-top-color	borderTopColor
border-top-style	borderTopStyle
border-top-width	borderTopWidth
border-width	borderWidth
clear	clear
clip	clip
color	color
cursor	cursor
display	display
filter	filter
font	font
font-family	fontFamily
font-size	fontSize
font-variant	fontVariant
font-weight	fontWeight
height	height
left	left
letter-spacing	letterSpacing
line-height	lineHeight
list-style	listStyle

list-style-image	listStyleImage
list-style-position	listStylePosition
list-style-type	listStyleType
margin	margin
margin-bottom	marginBottom
margin-left	marginLeft
margin-right	marginRight
margin-top	marginTop
overflow	overflow
padding	padding
padding-bottom	paddingBottom
padding-left	paddingLeft
padding-right	paddingRight
padding-top	paddingTop
page-break-after	pageBreakAfter
page-break-before	pageBreakBefore
position	position
float	styleFloat
text-align	textAlign
text-decoration	textDecoration
text-decoration: blink	textDecorationBlink
text-decoration: line-through	textDecorationLineThrough
text-decoration: none	textDecorationNone
text-decoration: overline	textDecorationOverline
text-decoration: underline	textDecorationUnderline
text-indent	textIndent
text-transform	textTransform
top	top
vertical-align	verticalAlign
visibility	visibility
width	width
z-index	zIndex

style 개체는 CSSStyleDeclaration 개체로 개별 CSS 속성에 대한 접근뿐만 아니라 element 노드의 개별 CSS 속성을 조작하는 데 사용되는 setPropertyValue(propertyName), getPropertyValue(propertyName,value), removeProperty() 메서드에 대한 접근도 제공해 준다. 다음 코드에서는 이 메서드들을 사용하여 <div>의 개별 CSS 속성을 설정하고, 가져오며, 제거한다.

✎ **Live code**   http://jsfiddle.net/domenlightenment/X2DyX

```html
<!DOCTYPE html>
<html lang="en">
<head>
<style>
</style>
</head>

<body>

<div style="background-color:green;border:1px solid purple;"

<script>

var divStyle = document.querySelector('div').style;

//설정.
divStyle.setProperty('background-color','red');
divStyle.setProperty('border','1px solid black');
divStyle.setProperty('width','100px');
divStyle.setProperty('height','100px');

//가져오기.
console.log(divStyle.getPropertyValue('background-color'));
console.log(divStyle.getPropertyValue('border'));
console.log(divStyle.getPropertyValue('width'));
console.log(divStyle.getPropertyValue('height'));

/* 제거.
divStyle.removeProperty('background-color');
```

```
divStyle.removeProperty('border');
divStyle.removeProperty('width');
divStyle.removeProperty('height');
*/

</script>
</body>
</html>
```

Note

setProperty()와 getPropertyValue() 메서드에 전달되는 속성명은 하이픈이 포함된 CSS 속성명을 사용한다(예: backgroundColor가 아니라 background-color).

setProperty(), getPropertyValue(), removeProperty() 메서드에 대한 자세한 정보와 추가적인 속성 및 메서드에 대한 내용은 Mozilla 문서(https://developer.mozilla.org/en/DOM/CSSStyleDeclaration)를 참조한다.

6.3 모든 인라인 CSS 속성 가져오기 · 설정 · 제거

CSSStyleDeclaration 개체의 cssText 속성과 getAttribute() 및 setAttribute() 메서드를 사용하면, JavaScript 문자열을 사용하여 style attribute의 전체 값(모든 인라인 CSS 속성)을 가져오고, 설정 및 제거할 수 있다. 다음 코드에서는 <div>의 모든 인라인 CSS를 가져오고, 설정하며, 제거한다(CSS 속성을 개별적으로 변경하는 것과 다름).

✎ **Live code**   http://jsfiddle.net/domenlightenment/wSv8M

```
<!DOCTYPE html>
<html lang="en">
<bod>

<div></div>

<script>

var div = document.querySelector('div');
```

```
var divStyle = div.style;

//cssText를 사용하여 설정.
divStyle.cssText = 'background-color:red;border:1px solid black;height:100px;
  width:100px;';
//cssText를 사용하여 가져옴.
console.log(divStyle.cssText);
//제거.
divStyle.cssText = '';

//setAttribute() 및 getAttribute()를 사용하는 것과 결과가 완전히 동일함.

//setAttribute을 사용하여 설정.
div.setAttribute('style','background-color:red;border:1px solid black;
  height:100px;width:100px;');
//getAttribute를 사용하여 가져옴.
console.log(div.getAttribute('style'));
//제거.
div.removeAttribute('style');

</script>
</body>
</html>
```

Note

style attribute 값을 새로운 문자열로 바꾸는 것은 element의 style에 여러 변경을 수행하는 가장 빠른 방법이다.

6.4 getComputedStyle()을 사용하여 element의 계산된 스타일(계층화된 것을 포함한 실제 스타일) 가져오기

style 속성은 style attribute를 통해 정의된 CSS만을 가지고 있다. element의 계층화된 CSS(즉 인라인 스타일시트, 외부 스타일시트, 브라우저 스타일시트가 계층화된 것)를 가져오려면, getComputedStyle()을 사용한다. 이 메서드는 style과 유사한 읽기 전용의

CSSStyleDeclaration 개체를 제공한다. 다음 코드에서는 element의 인라인 스타일이 아니라 계층화된 스타일을 읽는 예를 보여준다.

✎ **Live code**　　http://jsfiddle.net/domenlightenment/k3G5Q

```
<!DOCTYPE html>
<html lang="en">
<head>
<style>
div{
    background-color:red;
    border:1px solid black;
    height:100px;
    width:100px;
}
</style>
</head>

<body>

<div style="background-color:green;border:1px solid purple;"></div>

<script>

var div = document.querySelector('div');

//rgb(0, 128, 0) 또는 green이 출력됨: 인라인 element 스타일
console.log(window.getComputedStyle(div).backgroundColor);

/* 1px solid rgb(128, 0, 128) 또는 1px solid purple이 출력됨: 인라인 element 스
타일 */
console.log(window.getComputedStyle(div).border);

//100px가 출력됨: 인라인 스타일이 아님.
console.log(window.getComputedStyle(div).height);

//100px가 출력됨: 인라인 스타일이 아님.
console.log(window.getComputedStyle(div).width);
```

```
    </script>
  </body>
</html>
```

getComputedStyle() 메서드는 CSS 특수 계층(http://css-tricks.com/specifics-on-css-specificity/)을 준수한다. 예를 들어, 이 코드에서 <div>의 backgroundColor는 red가 아닌 green인데, 인라인 스타일이 특수 계층의 최상위에 있기 때문이다. 따라서 브라우저는 인라인 backgroundColor 값을 element에 적용하며, 이를 최종 계산된 스타일로 간주한다.

Note

getComputedStyles()에서 반환되는 CSSStyleDeclaration 개체는 읽기 전용이므로 값을 설정할 수 없다.

getComputedStyles() 메서드는 색상 값을 원래 지정된 방식에 상관없이 rgb(#, #, #) 형식으로 반환한다.

CSSStyleDeclaration 개체에서 단축 속성은 계산되지 않으므로, 속성 접근 시 비단축 속성명을 사용해야 한다(예: margin이 아니라 marginTop을 사용).

6.5 class 및 id attribute를 사용하여 element의 CSS 속성을 적용 및 제거하기

인라인 스타일시트나 외부 스타일시트에 정의된 스타일 규칙은 class 및 id attribute를 사용하여 element에 추가하거나 제거할 수 있는데, element 스타일을 조작할 때 가장 일반적인 패턴이다. 다음 코드에서는 setAttribute()와 classList.add()를 활용하여 class 및 id attribute 값을 설정해서 <div>에 스타일 규칙을 적용한다. removeAttribute()와 classList.remove()를 사용하여 이 CSS 규칙들을 제거할 수도 있다.

 Live code   http://jsfiddle.net/domenlightenment/BF9gM

```
<!DOCTYPE html>
<html lang="en">
```

```
<head>
<style>
.foo{
  background-color:red;
  padding:10px;
}
#bar{
  border:10px solid #000;
  margin:10px;
}
</style>
</head>
<body>

<div></div>

<script>

var div = document.querySelector('div');

//설정.
div.setAttribute('id','bar');
div.classList.add('foo');

/* 제거.
div.removeAttribute('id');
div.classList.remove('foo');
*/

</script>
</body>
</html>
```

7장

Text 노드

7.1 Text 개체 개요

HTML 문서에서 텍스트는 text 노드를 만들어내는 **Text( )** 생성자 함수의 인스턴스로 표현된다. HTML 문서가 해석될 때, HTML 페이지의 element 사이에 섞여있는 텍스트는 text 노드로 변환된다.

📝 **Live code**   **http://jsfiddle.net/domenlightenment/kuz5Z**

```
<!DOCTYPE html>
<html lang="en">
<body>

<p>hi</p>

<script>
//'hi' text 노드 선택.
var textHi = document.querySelector('p').firstChild

console.log(textHi.constructor); //Text()가 출력됨.

//Text {textContent="hi", length=2, wholeText="hi", ...}가 출력됨.
console.log(textHi);

</script>
</body>
</html>
```

이 코드가 Text() 생성자 함수가 text 노드를 생성한다는 결론을 내려 주지만, Text가
CharacterData, Node, Object로부터 상속받는다는 점을 명심해야 한다.

7.2 Text 개체 및 속성

Text 노드에 존재하는 속성과 메서드에 관련된 정확한 정보를 얻으려면, 사양을 무시하
고 브라우저에 직접 물어보는 것이 가장 좋다. 다음 코드에서 생성되는 배열을 살펴보
면, text 노드에 존재하는 속성과 메서드에 대한 상세한 내용을 알 수 있다.

✎ **Live code** http://jsfiddle.net/domenlightenment/Wj3uS

```
<!DOCTYPE html>
<html lang="en">
<body>

<p>hi</p>

<script>
var text = document.querySelector('p').firstChild;

//text의 고유 속성
console.log(Object.keys(text).sort());

//text의 고유 속성과 상속받은 속성
var textPropertiesIncludeInherited = [];
for(var p in text){
    textPropertiesIncludeInherited.push(p);
}
console.log(textPropertiesIncludeInherited.sort());

//text가 상속받은 속성만
var textPropertiesOnlyInherited = [];
for(var p in text){
    if(!text.hasOwnProperty(p)){
        textPropertiesOnlyInherited.push(p);
    }
}
```

```
console.log(textPropertiesOnlyInherited.sort());

</script>
</body>
</html>
```

상속받은 속성을 고려하지 않더라도, 여러 속성이 존재한다. 이번 장에서 주목할 만한 속성 및 메서드는 다음과 같다.

- `textContent`
- `splitText()`
- `appendData()`
- `deleteData()`
- `insertData()`
- `replaceData()`
- `subStringData()`
- `normalize()`
- `data`
- `document.createTextNode()` (text 노드의 속성도 상속받은 속성도 아니지만, 이번 장에서 다룬다)

7.3 공백도 Text 노드를 생성한다

브라우저에 의해서나 프로그래밍 수단에 의해서 DOM이 생성될 때, 텍스트 문자뿐만 아니라 공백 역시 text 노드로 만들어진다. 결국 공백도 문자이기 때문이다. 다음 코드에서 공백을 포함하고 있는 두 번째 `<p>`는 자식 text 노드를 가지는 반면, 첫 번째 `<p>`는 가지지 않는다.

```
<!DOCTYPE html>
<html lang="en">
<body>

<p id="p1"></p>
<p id="p2"> </p>

<script>

console.log(document.querySelector('#p1').firstChild) //null이 출력됨.
console.log(document.querySelector('#p2').firstChild.nodeName) //#text가 출력됨.

</script>
</body>
</html>
```

DOM에서 공백이나 텍스트 문자가 보통 text 노드로 표현된다는 것을 잊기 말기 바란다. 줄 바꿈도 당연히 text 노드로 간주된다. 다음 코드에서는 줄 바꿈 문자도 text 노드라는 것을 강조하기 위해 줄 바꿈을 출력한다.

```
<!DOCTYPE html>
<html lang="en">
<body>

<p id="p1"></p> //이 주석 앞에 줄 바꿈 text 노드가 존재하며, 이 주석도 노드다.
<p id="p2"></p>
<script>

console.log(document.querySelector('#p1').nextSibling) //Text가 출력됨.

</script>
</body>
</html>
```

키보드를 사용해서 HTML 문서에 문자나 공백을 입력할 수 있다면, text 노드로 변환될 가능성이 높다. 이 점을 고려할 때 HTML 문서를 최소화하거나 압축하지 않는 한, 일반적인 HTML 페이지는 상당한 수의 공백과 줄 바꿈 text 노드를 가진다.

7.4 Text 노드 생성 및 삽입하기

Text 노드는 브라우저가 HTML 문서를 해석해서 문서 내용을 기반으로 DOM이 구축될 때 자동적으로 생성된다. 자동으로 생성된 이후에는 **createTextNode()**를 사용해서 프로그래밍적으로 text 노드를 생성할 수도 있다. 다음 코드에서는 text 노드를 생성한 후 현재 DOM 트리에 해당 노드를 삽입한다.

✎ **Live code**　　http://jsfiddle.net/domenlightenment/xC9q3

```
<!DOCTYPE html>
<html lang="en">
<body>

<div></div>

<script>

var textNode = document.createTextNode('Hi');
document.querySelector('div').appendChild(textNode);

console.log(document.querySelector('div').innerText); //Hi를 출력.

</script>
</body>
</html>
```

프로그래밍적으로 생성된 DOM 구조에도 text 노드를 삽입할 수 있다. 다음 코드에서는 `<p>` element 내에 text 노드를 넣은 다음, 현재 DOM에 삽입한다.

```
<!DOCTYPE html>
<html lang="en">

<div></div>

<body>

<script>

var elementNode = document.createElement('p');
var textNode = document.createTextNode('Hi');
elementNode.appendChild(textNode);
document.querySelector('div').appendChild(elementNode);

console.log(document.querySelector('div').innerHTML); //<div>Hi</div>가 출력됨.

</script>
</body>
</html>
```

7.5 .data나 nodeValue로 text 노드 값 가져오기

Text 노드로 표현되는 텍스트 값과 데이터는 .data나 nodeValue 속성을 사용하여 노드에서 추출할 수 있다. 두 속성 모두 Text 노드에 포함된 텍스트를 반환한다. 다음 코드에서는 두 속성을 사용하여 <div>에 포함된 값을 가져오는 예를 보여준다.

```
<!DOCTYPE html>
<html lang="en">

<p>Hi, <strong>cody</strong></p><body>

<script>
```

```
console.log(document.querySelector('p').firstChild.data);  //'Hi,'가 출력됨.
console.log(document.querySelector('p').firstChild.nodeValue);  //'Hi,'가 출력됨.

</script>
</body>
</html>
```

<p>가 두 개의 Text 노드와 두 개의 element 노드(<strong>)을 가진다는 점에 주목하자. 또한 <p>에 포함된 첫 번째 자식 노드 값만을 가져오고 있다는 점에 유의한다.

Note

Text 노드에 포함된 문자의 길이를 가져오려면, 노드 자체 또는 노드의 실제 텍스트 값/데이터의 length 속성에 접근하면 된다(예: document.querySelector('p'). firstChild.length 또는 document.querySelector('p').firstChild.data. length 또는 document.querySelector('p').firstChild.nodeValue.length).

7.6 appendData( ), deleteData( ), insertData( ), replaceData( ), subStringData( )로 text 노드 조작하기

Text 노드가 메서드를 상속받는 CharacterData 개체는 Text 노드의 하위 값을 조작하고 추출하기 위한 메서드를 제공한다.

- appendData()
- deleteData()
- insertData()
- replaceData()
- subStringData()

다음 코드에서는 각 메서드들을 활용하고 있다.

```
<!DOCTYPE html>
<html lang="en">

<p>Go big Blue Blue<body>

<script>

var pElementText = document.querySelector('p').firstChild;

//추가.
pElementText.appendData('!');
console.log(pElementText.data);

//첫번째 'Blue'를 삭제.
pElementText.deleteData(7,5);
console.log(pElementText.data);

//'Blue'를 다시 삽입.
pElementText.insertData(7,'Blue ');
console.log(pElementText.data);

//'Blue'를 'Bunny'로 바꿈.
pElementText.replaceData(7,5,'Bunny ');
console.log(pElementText.data);

//부분 문자열 'Blue Bunny'를 추출.
console.log(pElementText.substringData(7,10));

</script>
</body>
</html>
```

Note

조작 및 부분 추출 메서드들은 Comment 노드에서도 활용 가능하다.

7.7 복수의 형제 텍스트 노드가 발생하는 경우

브라우저에서 생성한 DOM 트리가 지능적으로 텍스트 노드들을 결합하기에, 통상적으로는 형제 Text 노드가 인접해서 나타나지 않는다. 하지만 형제 텍스트 노드가 발생 가능한 두 가지 경우가 존재한다. 첫 번째 경우는 다소 명확하다. 텍스트 노드가 Element 노드를 포함하면(예: `<p>Hi, <strong>cody</strong> welcome!</p>`), 텍스트가 적절한 노드 그룹으로 분할된다. 복잡하게 들릴 수 있으므로, 예제 코드를 살펴보는 것이 가장 좋다. 다음 코드에서 `<p>` element의 내용은 단일 Text 노드가 아니며, 실제로 세 개의 노드(Text 노드, Element 노드, 또 하나의 Text 노드)로 되어 있다.

✎ **Live code**　　http://jsfiddle.net/domenlightenment/2ZCn3

```
<!DOCTYPE html>
<html lang="en">
<body>

<p>Hi, <strong>cody</strong> welcome!</p>

<script>

var pElement = document.querySelector('p');

console.log(pElement.childNodes.length); //3이 출력됨.

console.log(pElement.firstChild.data); //텍스트 노드 'Hi,'
console.log(pElement.firstChild.nextSibling); //Element 노드 <strong>
console.log(pElement.lastChild.data); //텍스트 노드 'welcome!'

</script>
</body>
</html>
```

두 번째 경우는 코드로 생성한 element에 프로그래밍적으로 Text 노드를 추가할 때 발생한다. 다음 코드에서는 `<p>` element를 생성한 후, 이 element에 두 개의 Text 노드를 추가한다. 결과적으로 형제 Text 노드가 만들어진다.

✎ **Live code**   http://jsfiddle.net/domenlightenment/jk3Jn

```
<!DOCTYPE html>
<html lang="en">
<body>

<script>

var pElementNode = document.createElement('p');
var textNodeHi = document.createTextNode('Hi ');
var textNodeCody = document.createTextNode('Cody');

pElementNode.appendChild(textNodeHi);
pElementNode.appendChild(textNodeCody);

document.querySelector('div').appendChild(pElementNode);

console.log(document.querySelector('div p').childNodes.length); //2가 출력됨.

</script>
</body>
</html>
```

7.8 textContent를 사용하여 마크업이 제거된 모든 자식 텍스트 노드를 반환하기

textContent 속성은 모든 자식 텍스트 노드를 가져오는 것뿐만 아니라, 노드의 내용을 특정 Text 노드로 설정하는데도 사용될 수 있다. 노드의 텍스트 내용을 가져오기 위해 해당 속성을 사용하면, 메서드를 호출하는 노드에 포함된 모든 텍스트 노드의 문자열을 합쳐서 반환한다. 이 기능은 HTML 문서에서 모든 텍스트 노드를 매우 쉽게 추출할 수 있게 해준다. 다음 코드에서는 <body> element 내에 포함된 모든 텍스트를 추출한다. textContent는 직계 자식 텍스트뿐만 아니라, 메서드가 호출되는 노드 내부에 캡슐화된 깊이에 관계없이 모든 자식 텍스트 노드를 취합한다는 점에 유의한다.

```
<!DOCTYPE html>
<html lang="en">
```

```
<body>
<h1> Dude</h2>
<p>you <strong>rock!</strong></p>
<script>

console.log(document.body.textContent); //공백이 추가된 'Dude you rock!'이 출력됨.

</script>
</body>
</html>
```

노드 내에 포함된 텍스트를 설정하는데 **textContent**를 사용하면, 모든 자식 노드가 제거되고 단일 Text 노드로 바뀐다. 다음 코드에서는 <div> element 내의 모든 노드를 단일 Text 노드로 바꾼다.

🖎 **Live code**	**http://jsfiddle.net/domenlightenment/m766T**

```
<!DOCTYPE html>
<html lang="en">
<body>
<div>
<h1> Dude</h2>
<p>you <strong>rock!</strong></p>
</div>
<script>

document.body.textContent = 'You don\'t rock!'
console.log(document.querySelector('div').textContent); /*'You don't rock!'이 출
                                                          력됨. */

</script>
</body>
</html>
```

Note

textContent는 document나 doctype 노드에서 사용될 경우 null을 반환한다.

<script> 및 <style> element의 경우에는 내용이 반환된다.

7.9 textContent와 innerText 간의 차이

Firefox를 제외한 대부분의 최근 브라우저들은 textContent와 유사해 보이는 innerText 라는 속성을 지원한다. 하지만 이 속성들은 동일하지 않다. textContent와 innerText 간에는 다음과 같은 차이가 있다는 점에 유의해야 한다.

- innerText에는 CSS가 반영된다. 즉 숨겨진 텍스트가 있을 경우 innerText는 이 텍스트를 무시하는 반면, textContent는 무시하지 않는다.
- innerText는 CSS의 영향을 받으므로 리플로우(reflow)가 발생되는 반면, textContent는 그렇지 않다.
- innerText는 <script>와 <style> element 내에 포함된 Text 노드를 무시한다.
- textContent와 달리 innerText는 텍스트를 정규화해서 반환한다. textContent는 문서 내에 있는 것을 마크업만 제거해서 그대로 반환하는 것으로 생각하면 된다. 여기에는 공백, 줄 바꿈, 개행 문자가 포함된다.
- innerText는 비표준이고 브라우저에 국한된 것으로 간주되지만, textContent는 DOM 사양으로 구현되었다.

innerText를 사용하고자 한다면, Firefox에 대한 우회방안이 있어야 한다.

7.10 normalize( )를 사용하여 형제 텍스트 노드들을 단일 텍스트 노드로 결합하기

형제 Text 노드들은 통상적으로 텍스트를 DOM에 프로그래밍적으로 추가한 경우에만 나타난다. Element 노드를 포함하고 있지 않은 형제 Text 노드들을 제거하기 위해, normalize()를 사용할 수 있다. 이 메서드는 DOM 내의 형제 텍스트 노드를 단일 Text 노드로 결합한다. 다음 코드에서는 형제 텍스트를 만들고, DOM에 추가한 다음, 정규화 시킨다.

```
<!DOCTYPE html>
<html lang="en">
<body>
<div></div>
<script>

var pElementNode = document.createElement('p');
var textNodeHi = document.createTextNode('Hi');
var textNodeCody = document.createTextNode('Cody');

pElementNode.appendChild(textNodeHi);
pElementNode.appendChild(textNodeCody);

document.querySelector('div').appendChild(pElementNode);

console.log(document.querySelector('p').childNodes.length); //2가 출력됨.

document.querySelector('div').normalize();  //형제 텍스트 노드들을 결합.

console.log(document.querySelector('p').childNodes.length); //1이 출력됨.

</script>
</body>
</html>
```

7.11 splitText( )를 사용하여 텍스트 노드를 분할하기

Text 노드에서 splitText()를 호출하면, 해당 텍스트 노드를 변경(옵셋까지의 텍스트
는 내버려둠)하고 옵셋을 기반으로 원래 텍스트에서 분할된 텍스트를 가진 새로운 Text
노드를 반환한다. 다음 코드에서 Hey Yo! 텍스트 노드는 Hey 이후부터 분할되어, Hey는
DOM에 남아있고 Yo!는 새로운 텍스트 노드가 되어 splitText( ) 메서드에서 반환된다.

```
<!DOCTYPE html>
<html lang="en">
<body>

<p>Hey Yo!</p>

<script>
```

//DOM으로부터 새로운 텍스트 노드를 반환.
```
console.log(document.querySelector('p').firstChild.splitText(4).data); /* Yo!가 출
                                                                          력됨. */
```

//DOM에 남아있는 것.
```
console.log(document.querySelector('p').firstChild.textContent); //Hey가 출력됨.

</script>
</body>
</html>
```

DocumentFragment 노드

8.1 DocumentFragment 개체 개요

DocumentFragment 노드를 생성해서 사용하면 라이브 DOM 트리 외부에 경량화된 문서 DOM을 만들 수 있다. DocumentFragment는 마치 라이브 DOM 트리처럼 동작하되, 메모리상에서만 존재하는 빈 문서 템플릿으로 생각하면 된다. DocumentFragment의 자식 노드를 메모리상에서 손쉽게 조작한 후, 라이브 DOM에 추가하는 것도 가능하다.

8.2 createDocumentFragment( )를 사용하여 DocumentFragment를 생성하기

다음 코드에서는 createDocumentFragment( )를 사용하여 DocumentFragment를 생성하고, 해당 fragment에 <li>를 추가한다.

✎ **Live code**　　http://jsfiddle.net/domenlightenment/6e3uX

```
<!DOCTYPE html>
<html lang="en">
<body>

<script>

var docFrag = document.createDocumentFragment();

["blue", "green", "red", "blue", "pink"].forEach(function(e) {
    var li = document.createElement("li");
    li.textContent = e;
```

```
        docFrag.appendChild(li);
    });

    console.log(docFrag.textContent); //bluegreenredbluepink가 출력됨.

    </script>
    </body>
    </html>
```

DocumentFragment를 사용하여 메모리상에서 노드 구조를 만들고 이를 라이브 노드 구조에 삽입하면 매우 효율적이다.

DocumentFragment를 사용하는 것이 단순히 메모리상에서 `<div>`를 생성 (`createElement()` 사용)하고 `<div>` 내부에서 작업하여 DOM 구조를 생성하는 것에 비해 가지는 이점이 무엇인지가 궁금할 것이다. 둘의 차이점은 다음과 같다.

- DocumentFragment는 어떤 종류의 노드(`<body>`나 `<html>`은 제외)도 가질 수 있는 반면, element는 그렇지 않다.

- DocumentFragment를 DOM에 추가하더라도 DocumentFragment 자체는 추가되지 않으며, 노드의 내용만이 추가된다. element를 추가할 경우에는 element 자체도 추가 동작에 속하게 된다.

- DocumentFragment를 DOM에 추가할 때, DocumentFragment는 추가되는 위치로 이전되며, 생성한 메모리상의 위치에 더 이상 존재하지 않는다. 노드를 포함하기 위해 일시적으로 사용된 후 라이브 DOM으로 이동되는 element 노드는 그렇지 않다.

8.3 DocumentFragment를 라이브 DOM에 추가하기

`appendChild()`와 `insertBefore()` 노드 메서드의 인수로 DocumentFragment를 전달하면, DocumentFragment의 자식 노드는 메서드가 호출되는 DOM 노드의 자식 노드로 옮겨진다. 다음 코드에서는 DocumentFragment를 만들어서 `<li>` 몇 개를 추가한 후, `appendChild()`를 사용하여 새 element 노드들을 라이브 DOM 트리에 추가한다.

```
<!DOCTYPE html>
<html lang="en">
<body>

<ul></ul>

<script>

var ulElm = document.queryselector('ul');
var docFrag = document.createDocumentFragment();

["blue", "green", "red", "blue", "pink"].forEach(function(e)  {
    var li = document.createElement("li");
    li.textContent = e;
    docFrag.appendChild(li);
});
ulElm.appendChild(docFrag);

/* <ul><li>blue</li><li>green</li><li>red</li><li>blue</li><li>pink</li></ul>가
출력됨. */
console.log(document.body.innerHTML);

</script>
</body>
</html>
```

Note

노드를 삽입하는 메서드에 DocumentFragment를 인수로 전달하면, 자식 노드 구조 전체가 삽입되며 DocumentFragment 노드 자체는 무시된다.

8.4 DocumentFragment에서 innerHTML 사용하기

노드 메서드를 사용하여 메모리상에서 DOM 구조를 생성하는 것은 지루한데다 많은 노력을 필요로 한다. 이를 피하기 위한 방법 중 하나는 DocumentFragment를 생성해서

<div>를 추가(DocumentFragment에서는 innerHTML이 동작하지 않음)한 다음, HTML 문자열로 갱신하기 위해 innerHTML 속성을 사용하는 것이다. 그러면 결과적으로 HTML 문자열로부터 DOM 구조가 만들어진다. 다음 코드에서는 JavaScript 문자열이 아니라 노드 트리처럼 다룰 수 있는 DOM 구조를 생성한다.

✎ **Live code**   http://jsfiddle.net/domenlightenment/4W9sH

```
<!DOCTYPE html>
<html lang="en">
<body>

<script>

//<div>와 DocumentFragment를 생성.
var divElm = document.createElement('div');
var docFrag = document.createDocumentFragment();

//DocumentFragment에 div를 추가.
docFrag.appendChild(divElm);

//문자열로부터 DOM 구조를 생성.
docFrag.querySelector('div').innerHTML = '<ul><li>foo</li><li>bar</li></ul>';

//이 문자열은 querySelectorAll()과 같은 메서드를 호출 가능한 DOM 구조가 된다.
//DOM 구조가 <div>로 감싸져 있다는 것을 명심한다.
console.log(docFrag.querySelectorAll('li').length); //2가 출력됨.

</script>
</body>
</html>
```

DocumentFragment와 <div>를 사용해서 만든 DOM 구조를 추가할 때는 <div>를 삽입하지 않고 해당 구조를 추가하고 싶을 것이다.

```
<!DOCTYPE html>
<html lang="en">
<body>

<div></div>

<script>

//<div>와 DocumentFragment를 생성.
var divElm = document.createElement('div');
var docFrag = document.createDocumentFragment();

//div를 DocumentFragment에 추가.
docFrag.appendChild(divElm);

//문자열로부터 DOM 구조를 생성.
docFrag.querySelector('div').innerHTML = '<ul><li>foo</li><li>bar</li></ul>';

//<div> 내에 포함된 첫 번째 자식 노드부터 시작해서 추가.
document.querySelector('div').appendChild(
    docFrag.querySelector('div').firstChild);

//<ul><li>foo</li><li>bar</li></ul>이 출력됨.
console.log(document.querySelector('div').innerHTML);

</script>
</body>
</html>
```

Note

DocumentFragment 외에 `DOMParser`가 추가되기를 기대하고 있다. `DOMParser`는 문자열로 저장된 HTML을 DOM 문서로 해석할 수 있다. 이 책을 쓰는 시점에는 Opera와 Firefox에서만 지원되지만, 외부 구현(https://gist.github.com/1129031)이 제공되고 있다. 만약 HTML을 DOM으로 변환하는 독립 스크립트가 필요하다면, domify(https://github.com/component/domify)를 시도해보기 바란다

8.5 복제를 사용하여 Fragment의 노드를 메모리상에서 유지하기

DocumentFragment를 추가하면, Fragment 내에 포함된 노드들을 추가하는 구조로 이동된다. 노드를 추가한 이후에도 Fragment의 내용을 메모리상에서 유지하려면, cloneNode()를 사용하여 추가할 DocumentFragment를 복제하면 된다. 다음 코드에서는 DocumentFragment로부터 <li>들을 옮겨가는 대신, <li>들을 복제하여 DocumentFragment 노드 내에 계속 유지시킨다.

✎ **Live code**　　http://jsfiddle.net/domenlightenment/bcJGS

```html
<!DOCTYPE html>
<html lang="en">
<body>

<ul></ul>

<script>
//ul element와 DocumentFragment를 생성.
var ulElm = document.querySelector('ul');
var docFrag = document.createDocumentFragment();

//li를 DocumentFragment에 추가.
["blue", "green", "red", "blue", "pink"].forEach(function(e)  {
    var li = document.createElement("li");
    li.textContent = e;
    docFrag.appendChild(li);
});

//복제된 DocumentFragment를 라이브 DOM의 ul에 추가.
ulElm.appendChild(docFrag.cloneNode(true));

//<li>blue</li><li>green</li><li>red</li><li>blue</li><li>pink</li>가 출력됨.
console.log(document.querySelector('ul').innerHTML);

//[li,li,li,li,li]가 출력됨.
console.log(docFrag.childNodes);
```

```
</script>
</body>
</html>
```

CSS 스타일시트와 CSS 규칙

9.1 CSS 스타일시트 개요

스타일시트는 외부 스타일시트를 포함하도록 HTMLLinkElement 노드(예: `<link href="stylesheet.css" rel="stylesheet" type="text/css">`)를 사용하거나 인라인 스타일시트를 정의하도록 HTMLStyleElement 노드(예: `<style></style>`)를 사용하여 HTML 문서에 추가된다. 다음 HTML 문서에는 DOM 내에 이 두 가지 `Element` 노드가 존재하며, 해당 노드들을 생성하는 생성자를 검증한다.

> 📝 **Live code**   http://jsfiddle.net/domenlightenment/yPYyC

```
<!DOCTYPE html>
<html lang="en">
<head>

<link id="linkElement"
 href="http://yui.yahooapis.com/3.3.0/build/cssreset/reset-min.css"
 rel="stylesheet" type="text/css">

<style id="styleElement">
body{background-color:#fff;}
</style>

</head>
<body>

<script>
```

```
//function HTMLLinkElement() { [native code] }이 출력됨.
console.log(document.querySelector('#linkElement').constructor);

//function HTMLStyleElement() { [native code] }이 출력됨.
console.log(document.querySelector('#styleElement').constructor);

</script>
</body>
</html>
```

스타일시트가 HTML 문서에 추가되면 CSSStylesheet 개체로 표현되며, 스타일시트 내
부의 각 CSS 규칙(예: body{background-color:red;})은 CSSStyleRule 개체로 표현된다.
다음 코드에서는 스타일시트와 스타일시트 내의 각 CSS 규칙(선택자와 CSS 속성 및 값)
을 생성하는 생성자를 검증한다.

📎 **Live code**   http://jsfiddle.net/domenlightenment/UpLzm

```
<!DOCTYPE html>
<html lang="en">
<head>

<style id="styleElement">
body{background-color:#fff;}
</style>

</head>
<body>

<script>

/* 이 개체는 스타일시트 자체이므로 function CSSStyleSheet() { [native code] }가 출
력됨. */
console.log(document.querySelector('#styleElement').sheet.constructor);

/* 이 개체는 스타일시트 내부의 규칙이므로 function CSSStyleRule() { [native code] }
가 출력됨. */
console.log(document.querySelector(
```

```
'#styleElement').sheet.cssRules[0].constructor);

</script>
</body>
</html>
```

스타일시트를 포함하고 있는 element를 선택(예: <link> 또는 <style>)하는 것은 스타일시트 자체를 표현하는 실제 개체(CSSStylesheet)에 접근하는 것과 동일하지 않다는 점에 유의한다.

9.2 DOM 내의 모든 스타일시트(CSSStylesheet 개체)에 접근하기

document.styleSheets는 HTML 문서 내에 명시적으로 연결(예: <link>)되거나 내장(예: <style>)된 모든 스타일시트 개체(CSSStylesheet 개체) 리스트에 접근할 수 있게 해준다. 다음 코드에서는 styleSheets를 활용하여 문서 내에 포함된 모든 스타일시트에 대한 접근을 얻어낸다.

```
<!DOCTYPE html>
<html lang="en">
<head>

<link href="http://yui.yahooapis.com/3.3.0/build/cssreset/reset-min.css"
  rel="stylesheet" type="text/css">

<style>
body{background-color:red;}
</style>

</head>
<body>

<script>

console.log(document.styleSheets.length); //2가 출력됨.
console.log(document.styleSheets[0]); //<link>
console.log(document.styleSheets[1]); //<style>
```

```
</script>
</body>
</html>
```

Note

styleSheets는 다른 노드 리스트와 마찬가지로 라이브 상태다.

length 속성은 인덱스 0부터 시작하는 리스트에 포함된 스타일시트의 개수를 반환한다(예: document.styleSheets.length).

styleSheets 리스트에 포함된 스타일시트에는 <style> element를 사용하거나 rel이 스타일시트로 설정된 <link> element를 사용하여 생성된 모든 스타일시트가 포함된다.

styleSheets를 사용하여 문서의 스타일시트에 접근하는 것뿐만 아니라, DOM 내의 element(<style> 또는 <link>)를 선택한 후 .sheet 속성을 사용하여 CSSStylesheet 개체에 접근할 수도 있다. 다음 코드에서는 먼저 스타일시트를 포함하기 위해 사용된 element를 선택한 후 .sheet 속성을 활용하여 스타일시트에 접근한다.

✎ **Live code**　　**http://jsfiddle.net/domenlightenment/jFwKw**

```
<!DOCTYPE html>
<html lang="en">
<head>

<link id="linkElement"
 href="http://yui.yahooapis.com/3.3.0/build/cssreset/reset-min.css"
 rel="stylesheet" type="text/css">

<style id="styleElement" >
body{background-color:#fff;}
</style>

</head>
<body>
```

```
<script>

//<link>에 해당하는 CSSStylesheet 개체를 얻는다.
console.log(document.querySelector('#linkElement').sheet);
   //document.styleSheets[0]와 동일.

//<style>에 해당하는 CSSStylesheet 개체를 얻는다.
console.log(document.querySelector('#styleElement').sheet);
   //document.styleSheets[1]와 동일.

</script>
</body>
</html>
```

9.3 CSSStyleSheet의 속성 및 메서드

CSSStyleSheet 노드에서 사용 가능한 속성 및 메서드에 관련된 정확한 정보를 얻으려면, 사양서를 무시하고 브라우저에 직접 물어보는 것이 가장 좋다. 다음 코드에서 생성되는 배열을 살펴보면 CSSStyleSheet 노드에서 사용 가능한 속성 및 메서드에 대해 자세히 알 수 있다.

✎ Live code	http://jsfiddle.net/domenlightenment/kNyL2

```
<!DOCTYPE html>
<html lang="en">
<head>

<style id="styleElement" >
body{background-color:#fff;}
</style >

</head>
<body>

<script>
```

```
var styleSheet = document.querySelector('#styleElement').sheet;

//고유 속성을 출력.
console.log(Object.keys(styleSheet).sort());

//고유 속성 및 상속받은 속성을 출력.
var styleSheetPropertiesIncludeInherited = [];
for(var p in styleSheet){
    styleSheetPropertiesIncludeInherited.push(p);
}
console.log(styleSheetPropertiesIncludeInherited.sort());

//상속받은 속성만을 출력.
var styleSheetPropertiesOnlyInherited = [];
for(var p in styleSheet){
    if(!styleSheet.hasOwnProperty(p)){
        styleSheetPropertiesOnlyInherited.push(p);
    }
}
console.log(styleSheetPropertiesOnlyInherited.sort());

</script>
</body>
</html>
```

styleSheets 리스트나 .sheet 속성을 통해 접근 가능한 CSSStylesheet 개체는 다음과 같은 속성과 메서드를 가진다.

- disabled
- href
- media
- ownerNode
- parentStylesheet
- title
- type

- cssRules

- ownerRule

- deleteRule

- insertRule

Note

href, media, ownerNode, parentStylesheet, title, type은 읽기 전용 속성으로 이 속성들에는 새로운 값을 부여할 수 없다.

9.4 CSSStyleRule 개요

CSSStyleRule 개체는 스타일시트에 포함된 각 CSS 규칙을 표현한다. 기본적으로 CSSStyleRule은 선택자에 연결되는 CSS 속성과 값에 대한 인터페이스다. 다음 코드에서 는 스타일시트 내의 CSS 규칙을 표현하는 CSSStyleRule 개체에 접근하여 인라인 스타일 시트에 포함된 각 규칙들의 상세 내용을 알아본다.

✎ **Live code**   **http://jsfiddle.net/domenlightenment/fPVS8**

```
<!DOCTYPE html>
<html lang="en">
<head>

<style id="styleElement">
body{background-color:#fff;margin:20px;} //css 규칙.
p{line-height:1.4em; color:blue;} //css 규칙.
</style>

</head>
<body>

<script>

var sSheet = document.querySelector('#styleElement').sheet;
```

```
console.log(sSheet.cssRules[0].cssText); /* "body { background-color: red;
                                            margin: 20px;  }"이 출력됨. */
console.log(sSheet.cssRules[1].cssText); /* "p { line-height: 1.4em; color:
                                            blue;  }"이 출력됨. */

</script>
</body>
</html>
```

9.5 CSSStyleRule의 속성 및 메서드

CSSStyleRule 노드에서 사용 가능한 속성 및 메서드에 관련된 정확한 정보를 얻으려면, 사양서를 무시하고 브라우저에 직접 물어보는 것이 가장 좋다. 다음 코드에서 생성되는 배열을 살펴보면 CSSStyleRule 노드에서 사용 가능한 속성 및 메서드에 대해 자세히 알 수 있다.

✎ **Live code**   http://jsfiddle.net/domenlightenment/hCX3U

```
<!DOCTYPE html>
<html lang="en">
<head>

<style id="styleElement">
body{background-color:#fff;}
</style>

</head>
<body>

<script>

var styleSheetRule = document.querySelector('#styleElement').sheet.cssRule;

//고유 속성을 출력.
console.log(Object.keys(styleSheetRule).sort());
```

```
//고유 속성 및 상속받은 속성을 출력.
var styleSheetPropertiesIncludeInherited = [];
for(var p in styleSheetRule){
    styleSheetRulePropertiesIncludeInherited.push(p);
}
console.log(styleSheetRulePropertiesIncludeInherited.sort());

//상속받은 속성만을 출력.
var styleSheetRulePropertiesOnlyInherited = [];
for(var p in styleSheetRule){
    if(!styleSheetRule.hasOwnProperty(p)){
        styleSheetRulePropertiesOnlyInherited.push(p);
    }
}
console.log(styleSheetRulePropertiesOnlyInherited.sort());

</script>
</body>
</html>
```

cssRules 개체를 사용하여 스타일시트 내에 포함되는 규칙(예: body{background-color:red;})을 스크립트로 작성할 수 있다. 이 개체는 다음 속성을 제공한다.

- cssText

- parentRule

- parentStylesheet

- selectorText

- style

- type

9.6 cssRules를 사용하여 스타일시트 내의 CSS 규칙 목록을 가져오기

이전에 논의했듯이, styleSheets 리스트는 문서 내에 포함된 스타일시트 리스트를 제공한다. cssRules 리스트는 특정 스타일시트 내에 있는 모든 CSS 규칙(CSSStyleRule 개체)들의 리스트(cssRuleList)를 제공한다. 다음 코드는 콘솔에 cssRules 리스트를 출력한다.

✎ **Live code**   http://jsfiddle.net/domenlightenment/qKqhJ

```
<!DOCTYPE html>
<html lang="en">
<head>

<style id="styleElement">
body{background-color:#fff;margin:20px;}
p{line-height:1.4em; color:blue;}
</style>

</head>
<body>

<script>

var sSheet = document.querySelector('#styleElement').sheet;

/* 스타일시트 내의 각 CSS 규칙을 표현하는 CSSRule 개체들을 모두 가지고 있는 유사 배열 리
스트 */
console.log(sSheet.cssRules);

console.log(sSheet.cssRules.length); //2가 출력됨.

//CSSRules 리스트 내의 규칙들은 인덱스 0부터 시작.
console.log(sSheet.cssRules[0]); //첫 번째 규칙을 출력.
console.log(sSheet.cssRules[1]); //두 번째 규칙을 출력.

</script>
</body>
</html>
```

9.7 insertRule()과 deleteRule()을 사용하여 스타일시트에 CSS 규칙을 삽입하고 삭제하기

insertRule()과 deleteRule() 메서드는 스타일시트 내의 CSS 규칙을 프로그래밍적으로 조작할 수 있게 해준다. 다음 코드에서는 insertRule()을 사용하여 인라인 스타일시트의 인덱스 1에 p{color:red}라는 CSS 규칙을 추가한다. 스타일시트 내의 CSS 규칙은 0부터 시작하는 인덱스를 가진다는 점에 유의한다. 따라서 새로운 규칙을 인덱스 1에 삽입하면, 인덱스 1에 있는 현재 규칙(p{font-size50px;})은 인덱스 2가 된다.

✎ **Live code**　　**http://jsfiddle.net/domenlightenment/T2jzJ**

```
<!DOCTYPE html>
<html lang="en">
<head>

<style id="styleElement">
p{line-height:1.4em; color:blue;} //인덱스 0
p{font-size:50px;} //인덱스 1
</style >

</head>
<body>

<p>Hi</p>

<script>

//인라인 스타일시트의 인덱스 1에 새로운 CSS 규칙을 추가.
document.querySelector('#styleElement').sheet.insertRule('p{color:red}',1);

//추가되었는지 확인.
console.log(document.querySelector('#styleElement').sheet.cssRules[1].cssText);

//방금 추가한 것을 삭제.
document.querySelector('#styleElement').sheet.deleteRule(1);

//삭제되었는지 확인.
```

```
console.log(document.querySelector('#styleElement').sheet.cssRules[1].cssText);

</script>
</body>
</html>
```

규칙을 삭제하거나 제거하려면 스타일시트에서 deleteRule( ) 메서드를 호출하면서 스
타일시트에서 삭제할 규칙의 인덱스를 전달하기만 하면 된다.

Note

규칙을 삽입하고 삭제하는 것이 단계를 관리하고 숫자 인덱스 시스템을 사용하여 스
타일시트를 업데이트하는 것(예: 스타일시트 자체의 내용을 사전에 보지 않고 스타일
이 위치한 인덱스의 위치를 판단)처럼 어렵게 수행되는 경우는 별로 없다. 클라이언
트에서 프로그래밍적으로 변경하는 것보다 클라이언트에 서비스되기 전에 CSS 및
HTML 파일에서 CSS 규칙에 대한 작업을 수행하는 것이 더욱 간단하다.

9.8 .style 속성을 사용하여 CSSStyleRule의 값을 편집하기

element 노드의 인라인 스타일을 조작할 수 있게 해주는 .style 속성이 있듯이, 스타일
시트에서 스타일을 조작할 수 있도록 CSSStyleRule 개체에도 .style 속성이 존재한다.
다음 코드에서는 .style 속성을 활용하여 인라인 스타일시트에 포함된 CSS 규칙의 값을
설정하고 가져온다.

✎ **Live code**　　http://jsfiddle.net/domenlightenment/aZ9CQ

```
<!DOCTYPE html>
<html lang="en">
<head>

<style id="styleElement">
p{color:blue;}
strong{color:green;}
</style>
```

```
</head>
<body>

<p>Hey <strong>Dude!</strong></p>

<script>

var styleSheet = document.querySelector('#styleElement').sheet;

//스타일시트 내의 CSS 규칙을 설정.
styleSheet.cssRules[0].style.color = 'red';
styleSheet.cssRules[1].style.color = 'purple';

//CSS 규칙을 가져옴.
console.log(styleSheet.cssRules[0].style.color); //'red'가 출력됨.
console.log(styleSheet.cssRules[1].style.color); //'purple'이 출력됨.

</script>
</body>
</html>
```

9.9 새로운 인라인 CSS 스타일시트 생성하기

HTML 페이지가 로드된 후에 새로운 스타일시트를 즉석에서 만들려면, 새로운 <style> 노드를 만들고 innerHTML을 사용하여 이 노드에 CSS 규칙을 추가한 다음, <style> 노드를 HTML 문서에 추가하기만 하면 된다. 다음 코드에서는 스타일시트를 프로그래밍적으로 생성해서 body{color:red} CSS 규칙을 추가한 후, 스타일시트를 DOM에 추가한다.

> ✎ **Live code**   http://jsfiddle.net/domenlightenment/bKXAk

```
<!DOCTYPE html>
<html lang="en">
<head></head>
<body>
```

```
<p>Hey <strong>Dude!</strong></p>

<script>

var styleElm = document.createElement('style');
styleElm.innerHTML = 'body{color:red}';

//새로운 인라인 스타일시트 때문에 문서 내의 마크업이 red 색상으로 변경된다.
document.querySelector('head').appendChild(styleElm);

</script>
</body>
</html>
```

9.10 HTML 문서에 외부 스타일시트를 프로그래밍적으로 추가하기

HTML 문서에 CSS 파일을 프로그래밍적으로 추가하려면, 적절한 attribute로 `<link>` element 노드를 생성해서 DOM에 추가한다. 다음 코드에서는 새로운 `<link>` element를 만들고 DOM에 추가하여 외부 스타일시트를 프로그래밍적으로 포함시킨다.

✎ Live code	http://jsfiddle.net/domenlightenment/dtwgC

```
<!DOCTYPE html>
<html lang="en">
<head></head>
<body>

<script>

//<link>를 생성하고 attribute를 추가.
var linkElm = document.createElement('link');
linkElm.setAttribute('rel', 'stylesheet');
linkElm.setAttribute('type', 'text/css');
linkElm.setAttribute('id', 'linkElement');
linkElm.setAttribute('href',
  'http://yui.yahooapis.com/3.3.0/build/cssreset/reset-min.css');
```

```
//DOM에 추가.
document.head.appendChild(linkElm);

//DOM에 추가되었는지 확인.
console.log(document.querySelector('#linkElement'));

</script>
</body>
</html>
```

9.11 .disabled 속성을 사용하여 스타일시트를 사용 가능/불가능하게 함

CSSStylesheet 개체의 .disabled 속성을 사용하면 스타일시트를 사용 가능하게 하거나 사용 불가능하게 할 수 있다. 다음 코드에서는 문서 내에서 각 스타일시트의 현재 disabled 값에 접근하고, .disabled 속성을 활용하여 각 스타일시트를 사용 불가능하게 만든다.

✎ **Live code**   http://jsfiddle.net/domenlightenment/L952Z

```
<!DOCTYPE html>
<html lang="en">
<head>

<link id="linkElement"
 href="http://yui.yahooapis.com/3.3.0/build/cssreset/reset-min.css"
 rel="stylesheet" type="text/css">

<style id="styleElement">
body{color:red;}
</style>

</head>
<body>

<script>
```

```
//현재 disabled 값(boolean)을 가져옴.
console.log(document.querySelector('#linkElement').disabled); //'false'가 출력됨.
console.log(document.querySelector('#styleElement').disabled); //'false'가 출력됨.

//문서 내의 모든 스타일을 사용 불가능하게 하도록 disabled 값을 설정.
document.document.querySelector('#linkElement').disabled = true;
document.document.querySelector('#styleElement').disabled = true;

</script>
</body>
</html>
```

Note

사양상 Disabled는 <link>나 <style> element에는 존재하지 않는 attribute이다.
오늘날의 최신 브라우저 대다수에서는 HTML 문서 내에 이를 attribute로 추가하려
고 시도하면 실패하게 된다(스타일이 무시되는 위치에서 파싱 오류가 발생할 가능성
이 높다).

DOM에서의 JavaScript

10.1 JavaScript 삽입 및 실행 개요

외부 JavaScript 파일을 포함시키거나 페이지 수준의 인라인 JavaScript를 작성하여 HTML 문서 내에 JavaScript를 삽입할 수 있다. 기본적으로 외부 JavaScript 파일의 내용은 HTML 문서 내에 텍스트 노드로 들어간다. attribute 이벤트 핸들러에 포함된 element 인라인 JavaScrip(예: `<div on click="alert('yo')"></div>`)를 페이지 인라인 JavaScript(예: `<script>alert('hi') </script>`)와 혼동하지 말아야 한다.

HTML 문서 내에 JavaScript를 삽입하는 두 방법 모두 `<script>` element 노드의 사용을 필요로 한다. `<script>` element는 JavaScript 코드를 포함하거나 src attribute를 통해 외부 JavaScript 파일을 연결하는 데 사용될 수 있다. 다음 코드 예제에서는 두 가지 방법을 살펴본다.

✎ **Live code**   http://jsfiddle.net/domenlightenment/g6T5F

```
<!DOCTYPE html>
<html lang="en">
<body>

<!-- 외부의 크로스 도메인 JavaScript 모듈을 포함. -->
<script src =
  "http://cdnjs.cloudflare.com/ajax/libs/underscore.js/1.3.3/underscore-min.js">
</script>

<!-- 페이지 인라인 JavaScript -->
<script>
console.log('hi');
```

```
</script>

</body>
</html>
```

Note

element의 attribute 이벤트 핸들러 내에 JavaScript를 넣거나(예: `<div on click="alert('yo')"></div>`), `javascript:` 프로토콜(예: `<a href="javascript:alert('yo')"></a>`)을 사용하여 DOM 내에 JavaScript를 삽입해서 실행하는 것도 가능하지만, 최근에는 잘 사용하지 않는다.

동일한 `<script>` element를 사용하여 외부 JavaScript 파일을 포함시키고 페이지 인라인 JavaScript도 작성하려고 시도해보면, 결과적으로 페이지 인라인 JavaScript는 무시되고 외부 JavaScript 파일이 다운로드되어 실행된다.

예전의 XHTML을 고수하지 않는 한, Self-closing 스크립트 태그(`<script src="" />`)를 피해야 한다.

`<script>` element에 필수 attribute는 존재하지 않지만 `async`, `charset`, `defer`, `type`과 같은 선택적인 attribute는 제공된다.

페이지 인라인 JavaScript는 텍스트 노드를 생성하므로, `<script>`의 내용을 가져오기 위해 `innerHTML`과 `textContent`를 사용할 수 있다. 하지만 브라우저가 이미 DOM을 해석한 이후에 JavaScript 코드로 구성된 텍스트 노드를 DOM에 추가하더라도 이 JavaScript 코드는 실행되지 않으며, 단순히 텍스트만 바뀌게 된다.

JavaScript 코드가 `'</script>'`라는 문자열을 가지는 경우, 파서가 이를 실제 `</script>` element로 생각하지 않도록 `'<\/script>'`로 이스케이프 처리를 해야 한다.

10.2 기본적으로 JavaScript는 동기 방식으로 해석됨

기본적으로 DOM이 해석될 때 `<script>` element를 만나게 되면, 문서 해석을 중지하고, 렌더링 및 다운로드를 차단한 후, JavaScript를 실행한다. 이 동작은 블로킹을 발생시키며, DOM 해석이나 JavaScript 실행을 병렬적으로 수행할 수 없게 하므로, 동기 방식이라고 생각하면 된다. JavaScript가 HTML 문서 외부에 있는 경우 블로킹이 더 심해지는데, JavaScript를 해석하기 전에 먼저 다운로드해야 하기 때문이다. 다음의 예제 코드에서는 브라우저가 렌더링하는 동안 DOM에서 여러 `<script>` element를 만나게 되면 어떤 일이 벌어지는지에 대해 주석을 달아놓았다.

📝 **Live code**	http://jsfiddle.net/domenlightenment/rF3Lh

```
<!DOCTYPE html>
<html lang="en">
<body>

<!-- 문서 해석을 중지 및 차단하고, js를 로드해서 실행한 후, 문서 해석을 재개한다. -->
<script src =
  "http://cdnjs.cloudflare.com/ajax/libs/underscore.js/1.3.3/underscore-min.js">
</script>

<!-- 문서 해석을 중지 및 차단하고, js를 로드해서 실행한 후, 문서 해석을 재개한다. -->
<script>console.log('hi');</script>

</body>
</html>
```

로딩 단계와 관련하여 인라인 스크립트와 외부 스크립트 간의 차이점에 유의해야 한다.

Note

`<script>` element의 기본 블로킹 특성은 성능 및 HTML 웹 페이지의 시각적인 렌더링 속도에 상당한 영향을 미칠 수 있다. HTML 페이지의 시작 부분에 여러 script element가 있는 경우, 각 스크립트가 순차적으로 다운로드되어 실행될 때까지는 아무런 다른 동작(예: DOM 해석, 리소스 로딩)이 발생하지 않는다.

10.3 외부 JavaScript의 다운로드 및 실행을 지연시키기 위해 defer를 사용하기

`<script>` element는 브라우저가 `</html>` 노드를 해석할 때까지 외부 JavaScript 파일의 블로킹, 다운로드, 실행을 지연시켜주는 defer라는 attribute를 가진다. 이 attribute를 사용하면, 일반적으로 웹 브라우저가 `<script>` 노드를 만나게 될 때 발생하는 것들을 간단

하게 지연시킬 수 있다. 다음 코드에서는 마지막의 `<html>`을 만날 때까지 외부 JavaScript 파일을 지연시킨다.

✎ **Live code**   **http://jsfiddle.net/domenlightenment/HDegp**

```html
<!DOCTYPE html>
<html lang="en">
<body>

<!-- <html> element 노드가 해석될 때까지 지연시키고 차단이 발생하지 않도록 무시한다. -->
<script defer src=
    "http://cdnjs.cloudflare.com/ajax/libs/underscore.js/1.3.3/underscore-min.js">
</script>

<!-- <html> element 노드가 해석될 때까지 지연시키고 차단이 발생하지 않도록 무시한다. -->
<script defer src=
    "http://cdnjs.cloudflare.com/ajax/libs/jquery/1.7.2/jquery.min.js">
</script>

<!-- <html> element 노드가 해석될 때까지 지연시키고 차단이 발생하지 않도록 무시한다. -->
<script defer src=
    "http://cdnjs.cloudflare.com/ajax/libs/jquery-mousewheel/3.0.6/
    jquery.mousewheel.min.js">
</script>

<script>
//<html> element가 닫히기 전까지 jQuery가 존재하지 않으므로 다음과 같이 된다.
console.log(window['jQuery'] === undefined); //true가 출력됨.

//모든 것이 로드된 후 jQuery가 로드되어 해석되었다는 결론을 내릴 수 있다.
document.body.onload = function(){console.log(jQuery().jquery)}; /* function이
                                                          출력됨 */

</script>

</body>
</html>
```

Note

사양상으로는 지연된 스크립트가 DOMContentLoaded 이벤트 이전에 문서 내의 순서대로 실행된다고 가정된다. 하지만 최근의 브라우저들은 이 사양을 일관성 있게 준수하지 않는다. Defer는 Boolean attribute이지만 값을 가지지 않는다.

일부 브라우저는 지연된 인라인 스크립트를 지원하지만, 최근 브라우저에서는 그렇지 않은 경우가 많다.

defer를 사용할 경우, 지연되는 JavaScript 내에서는 document.write()가 사용되지 않는다고 가정한다.

10.4 async를 사용하여 외부 JavaScript 다운로드 및 실행을 비동기로 수행하기

`<script>` element는 웹 브라우저가 DOM을 생성할 때 `<script>` element의 순차적인 블로킹 특성을 재정의하기 위한 **async**라는 attribute를 가지고 있다. 이 attribute를 사용함으로써 브라우저에 HTML 페이지의 생성(즉 이미지, 스타일시트와 같은 다른 항목의 다운로드를 포함한 DOM 해석)을 차단하지 않아야 하며, 순차적 로딩 역시 하지 말라고 알려주는 것이다.

async attribute를 사용하면, 파일들이 병렬적으로 로드되며 다운로드가 끝난 순서대로 해석된다. 다음 코드에서는 웹 브라우저에서 HTML 문서를 해석하고 렌더링할 때 무슨 일이 일어나는지에 대해 주석을 달았다.

✎ **Live code** 　**http://jsfiddle.net/domenlightenment/p97Hd**

```
<!DOCTYPE html>
<html lang="en">
<body>

<!-- 차단하지 않고, 다운로드를 시작한 후 완료되면 파일을 해석한다. -->
<script async src=
  "http://cdnjs.cloudflare.com/ajax/libs/underscore.js/1.3.3/underscore-min.js">
</script>
```

```
<!-- 차단하지 않고, 다운로드를 시작한 후 완료되면 파일을 해석한다. -->
<script async src=
  "http://cdnjs.cloudflare.com/ajax/libs/jquery/1.7.2/jquery.min.js">
</script>

<!-- 차단하지 않고, 다운로드를 시작한 후 완료되면 파일을 해석한다. -->
<script async src=
  "http://cdnjs.cloudflare.com/ajax/libs/jquery-mousewheel/3.0.6/
  jquery.mousewheel.min.js">
</script>

<script>
//jQuery가 로드되었는지 아닌지를 알 수 없다.
console.log(window['jQuery'] === undefined); //true가 출력됨.

//모든 것이 로드된 후에야 jQuery가 로드되고 해석되었다고 안전하게 결론 내릴 수 있다.
document.body.onload = function(){console.log(jQuery().jquery)};
</script>

</body>
</html>
```

Note

IE 10은 async를 지원하지만, IE 9에서는 지원되지 않는다.

async attribute를 사용할 때의 주요 단점은 JavaScript 파일이 DOM에 포함된 순서와 다르게 해석된다는 것이다. 이는 종속성 관리 문제를 유발한다. async는 Boolean attribute이지만, 값을 가지지 않는다.

async를 사용 시, 지연되는 JavaScript 내에서는 document.write()가 사용되지 않는다고 가정된다.

<script> element에서 async attribute와 defer가 둘 다 사용된 경우에는 async가 우선하게 된다.

10.5 외부 JavaScript의 비동기 다운로드 및 해석을 강제화하기 위한 동적 <script> element의 사용하기

async attribute를 사용하지 않고 웹 브라우저에 JavaScript의 비동기 다운로드 및 해석을 강제화하려면, 프로그래밍적으로 외부 JavaScript 파일을 포함하는 <script> element를 생성해서 DOM에 삽입하는 기법이 널리 알려져 있다. 다음 코드에서는 <script> element를 프로그래밍적으로 생성한 후 <body> element에 추가해서 브라우저로 하여금 <script> element를 비동기로 처리하도록 강제한다.

📝 **Live code** http://jsfiddle.net/domenlightenment/du94d

```
<!DOCTYPE html>
<html lang="en">
<body>

<!-- 차단하지 않고, 다운로드를 시작한 후 완료되면 파일을 해석한다. -->
<script>
var underscoreScript = document.createElement("script");
underscoreScript.src =
  "http://cdnjs.cloudflare.com/ajax/libs/underscore.js/1.3.3/underscore-min.js";
document.body.appendChild(underscoreScript);
</script>

<!-- 차단하지 않고, 다운로드를 시작한 후 완료되면 파일을 해석한다. -->
<script>
var jqueryScript = document.createElement("script");
jqueryScript.src =
  "http://cdnjs.cloudflare.com/ajax/libs/jquery/1.7.2/jquery.min.js";
document.body.appendChild(jqueryScript);
</script>

<!-- 차단하지 않고, 다운로드를 시작한 후 완료되면 파일을 해석한다. -->
<script>
var mouseWheelScript = document.createElement("script");
mouseWheelScript.src =
  "http://cdnjs.cloudflare.com/ajax/libs/jquery-mousewheel/3.0.6/
  jquery.mousewheel.min.js";
```

```
document.body.appendChild(mouseWheelScript);
</script>

<script>
//모든 것이 로드된 후에야 jQuery가 로드되고 해석되었다고 안전하게 결론을 내릴 수 있다.
document.body.onload = function(){console.log(jQuery().jquery)};
</script>

</body>
</html>
```

Note

동적 `<script>` element를 사용 시의 주요 단점은 JavaScript 파일이 DOM에 포함된 순서와 다르게 해석된다는 것이다. 이는 종속성 관리 문제를 유발한다.

10.6 비동기 `<script>`가 로드되는 시점을 알 수 있도록 onload 콜백을 사용하기

`<script>` element는 외부 JavaScript 파일이 로드되어 실행될 때 수행되는 load 이벤트 핸들러(onload)를 지원한다. 다음 코드에서는 onload 이벤트를 활용하여 JavaScript 파일이 다운로드되어 실행될 때 알려주는 콜백을 프로그래밍적으로 생성한다.

✎ **Live code**　　http://jsfiddle.net/domenlightenment/XzAFx

```
<!DOCTYPE html>
<html lang="en">
<body>

<!-- 차단하지 않고, 다운로드를 시작한 후 완료되면 파일을 해석한다. -->
<script>
var underscoreScript = document.createElement("script");
underscoreScript.src =
  "http://cdnjs.cloudflare.com/ajax/libs/underscore.js/1.3.3/underscore-min.js";
underscoreScript.onload =
  function(){console.log('underscsore is loaded and executed');};
```

```
document.body.appendChild(underscoreScript);
</script>

<!-- 차단하지 않고, 다운로드를 시작한 후 완료되면 파일을 해석한다. -->
<script async src =
  "http://cdnjs.cloudflare.com/ajax/libs/jquery/1.7.2/jquery.min.js"
  onload="console.log('jQuery is loaded and exectuted');">
</script>

</body>
</html>
```

Note

onload 이벤트는 onload가 지원될 경우에만 동작한다. onerror, load, error를 사용할 수도 있다.

10.7 DOM 조작 시 HTML에서 <script>의 위치에 주의

<script> element는 원래 동기 방식이므로, HTML 문서의 <head> element에 두게 되면 실행되는 JavaScript가 <script>보다 뒤에 있는 DOM의 요소에 의존적일 경우 타이밍 문제를 발생시킨다. 다음의 예제 코드에서 볼 수 있듯이 JavaScript가 문서의 시작 부분에서 실행되어 그보다 뒤에 있는 DOM을 조작하면, JavaScript 오류가 발생된다.

```
<!DOCTYPE html>
<html lang="en">
<head>
<!-- 파싱을 중지 및 차단하고, js를 실행한 후 재개한다 -->
<script>
/* body element가 브라우저에 의해 해석되지도 않았고, DOM에도 존재하지 않아 null이므로
아직 조작할 수 없다. */
console.log(document.body.innerHTML); /* Uncaught TypeError: Cannot read
                                        property 'innerHTML' of null이 출력됨. */
</script>
</head>
<body>
```

```
<strong>Hi</strong>
</body>
</html>
```

이 때문에 많은 개발자들은 모든 <script> element를 </body> element 이전에 두려고 시도한다. 이렇게 하면, <script> 앞에 있는 DOM이 해석되어 스크립트로 조작할 준비가 되었다고 간주할 수 있다. 또한, 이 접근 방법은 코드 베이스를 어지럽힐 수 있는 DOM 준비 이벤트에 대한 의존성을 제거할 수 있다.

10.8 DOM 내의 <script> 목록 가져오기

document 개체의 document.scripts 속성은 현재 DOM 내의 모든 script의 리스트를 제공한다. 다음 코드에서는 이 속성을 활용하여 각 <script> element의 src attribute에 접근한다.

```
<!DOCTYPE html>
<html lang="en">
<body>
<script src =
  "http://cdnjs.cloudflare.com/ajax/libs/underscore.js/1.3.3/underscore-min.js">
</script>
<script src =
  "http://cdnjs.cloudflare.com/ajax/libs/jquery/1.7.2/jquery.min.js">
</script>
<script src =
  "http://cdnjs.cloudflare.com/ajax/libs/jquery-mousewheel/3.0.6/
  jquery.mousewheel.min.js">
</script>

<script>
Array.prototype.slice.call(document.scripts).forEach(function(elm){
    console.log(elm);
}); //문서 내의 각 script element를 출력한다.
</script>

</body>
</html>
```

11장
DOM 이벤트

11.1 DOM 이벤트 개요

DOM의 이벤트는 DOM 내의 element, document 개체, window 개체와 관련되어 발생하는 사전 정의된 시점이나 사용자 정의 시점을 말한다. 이 시점은 통상적으로 사전에 결정되어 있으며, 이 시점이 발생할 때 실행될 기능(핸들러/콜백)을 연관시킴으로써 프로그래밍적으로 알 수 있다. 이 시점은 UI의 상태(예: 입력란에 포커스가 갔거나 무엇인가가 드래그되고 있을 때), JavaScript 프로그램을 실행하는 환경의 상태(예: 페이지가 로드되거나 XHR 요청이 완료되었을 때), 프로그램 자체의 상태(예: 페이지가 로드된 후 30초 동안 모든 마우스 클릭을 모니터링)에 의해 발생된다.

이벤트를 설정하는 것은 인라인 attribute 이벤트 핸들러, 속성 이벤트 핸들러, addEventListener() 메서드를 사용하여 수행될 수 있다. 다음 코드에서는 이 세 가지 패턴을 사용하여 이벤트를 설정하는 예제를 보여준다. 세 가지 패턴 모두 HTML 문서 내의 <div>가 마우스로 클릭될 때마다 호출되는 click 이벤트를 추가한다.

✎ **Live code**   http://jsfiddle.net/domenlightenment/4EPjN

```
<!DOCTYPE html>
<html lang="en">

<!-- 인라인 attribute 이벤트 핸들러 패턴 -->
<body onclick= "console.log('fire/trigger attribute event handler')">

<div>click me</div>

<script>
```

```
var elementDiv = document.querySelector('div');

//속성 이벤트 핸들러 패턴
elementDiv.onclick = function()
  {console.log('fire/trigger property event handler')};

//addEventListener 메서드 패턴
elementDiv.addEventListener('click',function()
  {console.log('fire/trigger addEventListener')}, false);
</script>
</body>
</html>
```

이벤트 중 하나로 **‹body›** element에 연결되어 있다는 점에 유의한다. **‹div›** element를 클릭할 때 **‹body›**의 attribute 이벤트 핸들러가 발생되는 것이 이상하게 생각한다면, **‹div›**가 클릭될 때, **‹body›** element도 클릭하고 있다는 것을 고려하기 바란다. **‹div›**를 제외한 다른 곳을 클릭하면, **‹body›** element의 attribute 핸들러만이 발생되는 것을 알 수 있다.

DOM에 프로그래밍적으로 이벤트를 연결하는 이 세 가지 패턴 모두 이벤트를 예약하는 것이지만, **addEventListener()**만이 견고하고 조직화된 솔루션을 제공한다. 인라인 attribute 이벤트 핸들러는 JavaScript와 HTML을 혼합하게 되는데, 이 둘을 분리해서 유지하는 것이 가장 바람직하다.

속성 이벤트 핸들러를 사용할 때의 단점은 한 번에 한 개의 값만 이벤트 속성에 할당할 수 있다는 것이다. 이는 이벤트를 속성 값으로 할당할 때 하나 이상의 속성 이벤트 핸들러를 DOM에 추가할 수 없다는 것을 의미한다. 다음 코드는 **onclick** 속성에 값을 두 번 할당해서 이것에 대한 예를 보여주는데, 이벤트가 호출될 때 마지막 값 설정만이 사용된다.

✎ **Live code**   http://jsfiddle.net/domenlightenment/U8bWR

```
<!DOCTYPE html>
<html lang="en">
<body>

<div>click me</div>
```

```
<script>
var elementDiv = document.querySelector('div');

//속성 이벤트 핸들러
elementDiv.onclick = function()
  {console.log('I\'m first, but I get overridden/replaced')};

//이전 값을 재정의/교체.
elementDiv.onclick = function(){console.log('I win')};

</script>
</body>
</html>
```

뿐만 아니라 속성 이벤트 핸들러를 인라인으로 사용하면, 이벤트가 호출하는 함수의 영역 체인을 활용하려는 시도는 영역 문제를 겪을 수 있다. addEventListener() 메서드는 이러한 문제점을 수월하게 해주므로, 이번 장에서 널리 사용할 것이다.

Note

통상적으로 Element 노드는 인라인 이벤트 핸들러(예: <div on click=""></div>), 속성 이벤트 핸들러(예: document.querySe lector('div').onclick = function(){}), addEventListener 메서드의 사용을 지원한다.

Document 노드는 속성 이벤트 핸들러(예: document.onclick = function())와 addEventListener() 메서드를 지원한다.

window 개체는 <body>나 <frameset> element를 통해 인라인 이벤트 핸들러를 지원하며(예: <body onload=""></body>), 속성 이벤트 핸들러(예: window.load = function(){})와 addEventListener() 메서드의 사용도 지원한다.

속성 이벤트 핸들러는 "DOM 레벨 0 이벤트"로, addEventListener()는 종종 "DOM 레벨 2 이벤트"라고 불려왔다. 레벨 0 이벤트나 레벨 1 이벤트 사양에 존재하지 않는다는 점을 감안하면 약간 혼동되기도 한다. 뿐만 아니라 인라인 이벤트 핸들러는 "HTML 이벤트 핸들러"로 불리기도 한다.

11.2 DOM 이벤트 유형

표 11-1부터 11-10까지는 Element 노드, document 개체, window 개체에 연결될 수 있는 사전 정의된 이벤트 중 가장 흔히 사용되는 것들을 자세히 나열하였다. 물론, 모든 이벤트가 연결 가능한 노드나 개체에 직접 적용 가능한 것은 아니다. 이벤트에 오류 없이 연결해서 이벤트를 호출할 수 있다고 해서(예: window의 onchange 이벤트를 버블링), window.onchange와 같은 이벤트를 추가하는 것이 논리적으로 올바른 것은 아니다. 디자인상 이 이벤트는 window 개체를 위한 수단이 아니기 때문이다.

표 11-1. 사용자 인터페이스 이벤트

이벤트 유형	이벤트 인터페이스	설명	이벤트 대상	버블?	취소 가능?
load	Event, UIEvent	HTML 페이지, 이미지, CSS, frameset, `<object>`, JavaScript 파일이 로드될 때 발생.	Element, Document, window, XMLHttpRequest, XMLHttpRequestUpload	No	No
unload	UIEvent	user agent가 리소스(document, element, defaultView)나 종속 리소스(이미지, CSS, 파일 등)를 제거할 때 발생.	window, `<body>`, `<frameset>`	No	No
Abort	Event, UIEvent	리소스(개체/이미지)가 완전히 로드되기 전에 로드를 중지할 때 발생.	Element, XMLHttpRequest, XMLHttpRequestUpload	Yes	No
error	Event, UIEvent	리소스 로드가 실패했거나, 로드되었지만 유효하지 않은 이미지, 스크립트 실행 오류, 올바른 형식이 아닌 XML과 같이 문맥 상 해석이 불가능할 때 발생.	Element, XMLHttpRequest, XMLHttpRequestUpLoad	Yes	No
resize	UIEvent	문서 뷰의 크기가 변경되었을 때 발생. 이 이벤트 유형은 사용자 에이전트에 의해 특정 이벤트 대상의 크기를 조정하는 모든 효과가 실행된 이후에 전파된다.	window, `<body>`, `<frameset >`	Yes	No
scroll	UIEvent	사용자가 문서나 element를 스크롤할 때 발생.	Element, Document, window	Yes	No
context menu	Mouse Event	Element를 오른쪽 클릭 시 발생.	Element	Yes	Yes

표 11-2. Focus 이벤트

이벤트 유형	이벤트 인터페이스	설명	이벤트 대상	버블?	취소 가능?
blur	Focus Event	마우스나 탭을 통해 element가 포커스를 잃었을 때 발생.	Element(<body>와 <frameset>)은 제외, Document	No	No
focus	Focus Event	element가 포커스를 받았을 때 발생.	Element(<body>와 <frameset>)은 제외, Document	No	No
focusin	Focus Event	이벤트 대상이 포커스를 받으려고 하나 아직 포커스가 전환되기 이전일 때 발생. 이 이벤트는 focus 이벤트 직전에 일어난다.	Element	Yes	No
focusout	Focus Event	이벤트 대상이 포커스를 잃으려고 하나 아직 포커스가 전환되기 이전일 때 발생. 이 이벤트는 blur 이벤트 직전에 일어난다.	Element	Yes	No

표 11-3. Form 이벤트

이벤트 유형	이벤트 인터페이스	설명	이벤트 대상	버블?	취소 가능?
change	HTML form에 국한	컨트롤이 입력 포커스를 잃고 포커스를 얻은 후 값이 변경되었을 때 발생.	Element	Yes	No
reset	HTML form에 국한	폼이 리셋될 때 발생.	Element	Yes	No
submit	HTML form에 국한	폼이 전송될 때 발생.	Element	Yes	Yes
select	HTML form에 국한	사용자가 input 및 textarea를 비롯한 텍스트 필드에서 텍스트를 선택할 때 발생.	Element	Yes	No

표 11-4. Mouse 이벤트

이벤트 유형	이벤트 인터페이스	설명	이벤트 대상	버블?	취소 가능?
click	Mouse Event	element 위에서 마우스 포인터를 클릭할 때(혹은 사용자가 Enter 키를 눌렀을 때) 발생. click은 동일한 스크린 위치에서의 mousedown 및 mouseup으로 정의된다. 이 이벤트들의 순서는 mousedown>mouseup>click 이다. 환경 설정에 따라, 포인팅 디바이스 버튼을 눌렀다 떼는 동안 하나 이상의 mouseover, mousemove, mouseout 이벤트 유형이 발생되는 경우에 click 이벤트가 전달될 수도 있다. click 이벤트는 dblclick 이벤트에 후속해서도 발생된다.	Element, Document, window	Yes	Yes
dblclick	Mouse Event	마우스 포인터를 element 위에서 두 번 클릭할 때 발생. 더블 클릭의 정의는 mousedown, mouseup, dblclick 간 이벤트 대상이 동일해야 한다는 점을 제외하고는 환경 설정에 달려 있다. 이 이벤트 유형은 클릭과 더블 클릭이 동시에 발생한 경우 click 이후에, 그렇지 않으면 mouseup 이후에 발생해야 한다.	Element, Document, window	Yes	Yes
mouse down	Mouse Event	마우스 포인터를 element에서 눌렀을 때 발생.	Element, Document, window	Yes	Yes
mouse enter	Mouse Event	마우스 포인터가 element나 하위 element 중 하나의 경계 내로 들어올 때 발생. 이 이벤트 유형은 mouseover와 유사하지만, 버블링되지 않으며 포인터 장치가 element에서 하위 element 중 하나의 경계로 이동될 때 전파되지 않아야 한다는 차이가 있다.	Element, Document, window	No	No
mouse leave	Mouse Event	마우스 포인터가 element 및 하위 element의 경계를 벗어날 때 발생한다. 이 이벤트 유형은 mouseout과 유사하지만, 버블링되지 않으며 포인팅 장치가 element 및 하위 자식의 경계를 벗어날 때까지 전파되지 않아야 한다는 차이가 있다.	Element, Document, window	No	No

mouse move	Mouse Event	마우스 포인터가 element 위에서 이동할 때 발생한다. 포인팅 장치가 이동하는 동안 이벤트가 발생하는 빈도율은 구현/ 장치/플랫폼에 따라 다르지만, 각 마우스 이동에 대해 단일 이벤트가 아닌 여러 개의 연속된 **mousemove** 이벤트가 발생되어야 한다. 반응성과 성능 간에 균형을 이루도록 최적의 빈도율을 결정하도록 구현하는 것이 권장된다.	Element, Document, window	Yes	No
mouse out	Mouse Event	마우스 포인터가 element의 경계를 벗어날 때 발생된다. 이 이벤트 유형은 **mouseleave**와 유사하지만, 버블링되며 포인터 장치가 element에서 하위 element 중 하나의 경계로 이동될 때 전파되어야 한다는 차이가 있다.	Element, Document, window	Yes	Yes
mouse up	Mouse Event	element 위에서 마우스 포인터 버튼을 뗄 때 발생한다.	Element, Document, window	Yes	Yes
mouse over	Mouse Event	마우스 포인터를 element 위에서 움직일 때 발생한다.	Element, Document, window	Yes	Yes

표 11-5 Wheel 이벤트

이벤트 유형	이벤트 인터페이스	설명	이벤트 대상	버블?	취소 기능?
wheel(브라우저에서는 mousewheel을 사용하나 사양서에서는 wheel을 사용)	wheelEvent	마우스 휠이 축을 따라 회전하거나 상응되는 입력 장치(마우스볼, 태블릿, 터치패드 등)가 해당 동작을 흉내낼 때 발생한다. 플랫폼 및 입력 장치에 따라 대각선 방향의 휠 변동 값은 여러 개의 0이 아닌 축으로 이루어진 단일 wheel 이벤트로 전달될 수도 있고, 각각의 0이 아닌 축에 대해 별도의 wheel 이벤트로 전달될 수도 있다. 브라우저 지원에 대한 유용한 정보는 http://bit.ly/YIZl84에서 찾을 수 있다.	Element, Document, window	Yes	Yes

표 11-6. Keyboard 이벤트

이벤트 유형	이벤트 인터페이스	설명	이벤트 대상	버블?	취소 가능?
keydown	KeyboardEven	키가 처음 눌려질 때 발생된다. 키 매핑이 수행된 후에 발생되지만, 입력 수단 편집기가 keypress를 받기 이전이다. 이 이벤트는 문자 코드를 발생시키지 않는 키를 포함한 모든 키에서 발생된다.	Element, Document	Yes	Yes
key press	KeyboardEven	문자 값을 발생시키는 키가 처음 눌려질 때 발생된다. 키 매핑이 수행된 이후, 입력 수단 편집기가 keypress를 받기 이전에 발생된다.	Element, Document	Yes	Yes
keyup	KeyboardEven	키를 뗄 때 발생된다. 키 매핑이 수행된 이후에 발생되며, 항상 관련된 keydown 및 keypress 이벤트에 후속한다.	Element, Document	Yes	Yes

표 11-7. Touch 이벤트

이벤트 유형	이벤트 인터페이스	설명	이벤트 대상	버블?	취소 가능?
touchstart	TouchEvent	사용자가 터치 표면에 터치 포인트를 두었을 때 발생되는 이벤트.	Element, Document, window	Yes	Yes
touchend	TouchEvent	사용자가 터치 표면에서 터치 포인트를 제거했을 때 발생되는 이벤트. 화면을 드래그하는 것과 같이 터치 포인트가 터치 표면을 물리적으로 벗어난 경우도 포함된다.	Element, Document, window	Yes	Yes
touchmove	TouchEvent	사용자가 터치 표면을 따라 터치 포인트를 이동할 때 발생되는 이벤트.	Element, Document, window	Yes	Yes
touchenter	TouchEvent	터치 포인트가 DOM element에서 정의된 상호작용 영역으로 이동했을 때 발생되는 이벤트.	Element, Document, window	No	N/A
touchleave	TouchEvent	터치 포인트가 DOM element에서 정의된 상호작용 영역을 벗어날 때 발생되는 이벤트.	Element, Document, window	No	N/A

| touchcancel | TouchEvent | 동기 이벤트나 터치 취소 동작과 같이 구현에 따라 다른 수단에 의해 터치 포인트가 방해를 받았거나, 문서 창을 떠나 사용자 상호작용을 처리할 수 있는 비문서 영역으로 터치 포인트를 옮겼을 때 발생되는 이벤트. | Element, Document, window | Yes | No |

Note

Touch 이벤트는 통상적으로 iOS, Android, BlackBerry 브라우저, 혹은 터치 모드로 전환할 수 있는 브라우저(예: Chrome)에서만 지원된다.

표 11-8. Window, 〈body〉, 프레임 관련 이벤트

이벤트 유형	이벤트 인터페이스	설명	이벤트 대상	버블?	취소 가능?
afterprint	N/A	개체와 관련된 문서가 인쇄되거나 인쇄 미리 보기된 직후에 발생된다.	window, 〈body〉, 〈frameset〉	No	No
beforeprint	N/A	개체와 관련된 문서가 인쇄되거나 인쇄 미리보기되기 직전에 발생된다.	window, 〈body〉, 〈frameset〉	No	No
beforeunload	N/A	문서가 언로드되기 전에 발생된다.	window, 〈body〉, 〈frameset〉	No	Yes
hashchange	HashChangeEvent	URL에서 숫자 기호(#)에 해당하는 부분이 변경될 때 발생된다.	window, 〈body〉, 〈frameset〉	No	No
message	N/A	사용자가 문서 간 메시지를 보내거나 Worker로부터 postMessage로 메시지를 전송하는 경우에 발생된다.	window, 〈body〉, 〈frameset〉	No	No
offline	Navigator OffLine	브라우저가 오프라인으로 동작할 때 발생된다.	window, 〈body〉, 〈frameset〉	No	No
online	Navigator OffLine	브라우저가 온라인으로 동작할 때 발생된다.	window, 〈body〉, 〈frameset〉	No	No

| pagehide | PageTransition Event | 세션 이력 항목에서 이동해갈 때 발생된다. | window, <body>, <frameset> | No | No |
| pageshow | PageTransition Event | 세션 이력 항목으로 이동해왔을 때 발생. | window, <body>, <frameset> | No | No |

표 11-9. Document 관련 이벤트

이벤트 유형	이벤트 인터페이스	설명	이벤트 대상	버블?	취소 가능?
readystatechange	Event	readyState가 변경될 때 발생된다.	Document, XMLHttpRe quest	No	No
DOMContentLoaded	Event	웹 페이지의 해석은 끝났지만, 모든 리소스가 완전히 다운로드되기 전에 발생된다.	Document	Yes	No

표 11-10. Drag 이벤트

이벤트 유형	이벤트 인터페이스	설명	이벤트 대상	버블?	취소 가능?
drag	DragEvent	드래그 동작 도중에 원본 개체에서 계속 발생된다.	Element, Document, window	Yes	Yes
dragstart	DragEvent	사용자가 선택한 텍스트나 선택된 개체를 드래그하기 시작할 때 원본 개체에서 발생된다. 사용자가 마우스를 드래그할 때는 ondragstart 이벤트가 먼저 발생된다.	Element, Document, window	Yes	Yes
dragend	DragEvent	사용자가 드래그 동작을 종료하면서 마우스를 놓을 때 원본 개체에서 발생된다. 대상 개체에서는 ondragleave 이벤트 다음에 ondragend 이벤트가 마지막으로 발생된다.	Element, Document, window	Yes	No
dragenter	DragEvent	사용자가 개체를 유효한 드롭 대상으로 드래그했을 때 대상 element에서 발생된다.	Element, Document, window	Yes	Yes

dragleave	DragEvent	사용자가 드래그 동작 도중에 유효한 드롭 대상에서 벗어나도록 마우스를 옮겼을 때 대상 개체에서 발생된다.	Element, Document, window	Yes	No
dragover	DragEvent	사용자가 개체를 유효한 드롭 대상 위로 드래그하는 동안 대상 element에서 계속해서 발생된다. 대상 개체에서는 ondragenter 이벤트가 발생된 후 dragover 이벤트가 발생된다.	Element, Document, window	Yes	Yes
drop	DragEvent	드래그-앤-드롭 동작 도중 마우스 버튼을 떼었을 때 대상 개체에서 발생된다. ondrop 이벤트는 ondragleave와 ondragend 이벤트 이전에 발생된다.	Element, Document, window	Yes	Yes

Note

표 11-1~11-10은 다음 리소스에 있는 내용을 가공한 것이다.

- Document Object Model(DOM) Level 3 Events Specification 5 User Event Module
- DOM event reference
- HTML Living Standard 7.1.6 Event handlers on elements, Document objects, and Window objects,
- Event compatibility tables

이번 절에서는 가장 널리 사용되는 이벤트 유형들만을 언급했다. 그리고 수많은 HTML5 API들은 제외되었는데, 그 중에는 `<video>` 및 `<audio>` element용의 media 이벤트와 XMLHttpRequest Level 2.의 모든 상태 변경 이벤트가 포함되어 있다.

`copy`, `cut`, `textinput` 이벤트는 DOM3 이벤트뿐만 아니라 HTML5에도 정의되어 있지 않다.

`mouseover`와 `mouseout` 대신 `mouseenter`, `mouseleave`를 사용하는 것이 좋지만, 불행히도 Chrome과 Safari는 아직도 이 이벤트들을 추가하지 않고 있다.

11.3 이벤트 흐름

이벤트가 발생되면 DOM을 따라 흘러가거나 전파되면서 다른 노드와 JavaScript 개체들에서 동일한 이벤트를 발생시킨다. 이벤트 흐름은 캡처 단계나(즉 DOM 트리 줄기 → 가지)이나 버블링 단계(DOM 트리 가지 → 줄기), 혹은 양쪽 모두로 발생하도록 프로그래밍할 수 있다.

다음 코드에서는 HTML 문서에서 <div> element를 클릭하면 이벤트 흐름을 따라 10개의 이벤트 수신기가 모두 호출되도록 구성하였다. <div>가 클릭되면 window 개체에서 캡처 단계가 시작되고, 이벤트 대상에 도달할 때까지 DOM 트리를 따라 내려가면서 전파되어 각 개체에서 click 이벤트를 발생시킨다(예: window 〉 document 〉 <html> 〉 <body> 〉 이벤트 대상). 캡처 단계가 끝나면, 대상 단계가 시작되어 대상 element에서 click 이벤트가 발생한다. 다음으로, click 이벤트가 발생된 이벤트 대상으로부터 window 개체에 도달할 때까지 전파된다(예: 이벤트 대상 〉 <body> 〉 <html> 〉 document 〉 window). 이 내용을 알면, 코드 예제에서 <div>를 클릭하면 콘솔에 1, 2, 3, 4, 5, 6, 7, 8, 9, 10이 출력되는 이유가 명확해진다.

✎ **Live code**   http://jsfiddle.net/domenlightenment/CAdTv

```
<!DOCTYPE html>
<html lang="en">
<body>

<div>click me to start event flow</div>

<script>

/* 이벤트를 버블링하는 것뿐만 아니라 캡처 이벤트도 발생하도록 addEventListner()의
boolean 매개변수로 true를 전달하고 있음에 유의. */

//1 캡처 단계
window.addEventListener('click',function(){console.log(1);},true);

//2 캡처 단계
document.addEventListener('click',function(){console.log(2);},true);
```

```
//3 캡처 단계
document.documentElement.addEventListener
    ('click',function(){console.log(3);},true);

//4 캡처 단계
document.body.addEventListener('click',function(){console.log(4);},true);

//5 캡처 단계 도중에 대상 단계가 발생.
document.querySelector('div').addEventListener
    ('click',function(){console.log(5);},true);

//6 버블링 단계 도중에 대상 단계가 발생.
document.querySelector('div').addEventListener
    ('click',function(){console.log(6);},false);

//7 버블링 단계
document.body.addEventListener('click',function(){console.log(7);},false);

//8 버블링 단계
document.documentElement.addEventListener
    ('click',function(){console.log(8);},false);

//9 버블링 단계
document.addEventListener('click',function(){console.log(9);},false);

//10 버블링 단계
window.addEventListener('click',function(){console.log(10)},false);

</script>
</body>
</html>
```

<div>가 클릭된 후, 이벤트 흐름이 다음 순서로 진행된다.

1. 캡처 단계에서 캡처를 발생시키도록 설정된 window의 click 이벤트가 호출된다.
2. 캡처 단계에서 캡처를 발생시키도록 설정된 document의 click 이벤트가 호출된다.

3. 캡처 단계에서 캡처를 발생시키도록 설정된 `<html>` element의 click 이벤트가 호출된다.

4. 캡처 단계에서 캡처를 발생시키도록 설정된 `<body>` element의 click 이벤트가 호출된다.

5. 대상 단계에서 캡처를 발생시키도록 설정된 `<div>` element의 click 이벤트가 호출된다.

6. 대상 단계에서 버블링을 발생시키도록 설정된 `<div>` element의 click 이벤트가 호출된다.

7. 버블링 단계에서 버블링을 발생시키도록 설정된 `<body>` element의 click 이벤트가 호출된다.

8. 버블링 단계에서 버블링을 발생시키도록 설정된 `<html>` element의 click 이벤트가 호출된다.

9. 버블링 단계에서 버블링을 발생시키도록 설정된 document의 click 이벤트가 호출된다.

10. 버블링 단계에서 버블링을 발생시키도록 설정된 window의 click 이벤트가 호출된다.

캡처 단계는 이를 지원하지 않는 브라우저가 있기 때문에 널리 사용되지는 않는다. 통상적으로 이벤트는 버블링 단계 도중에 호출되는 것으로 가정된다. 다음 코드에서는 이전 코드 예제에서 캡처 단계를 제거하여 이벤트 호출 도중에 통상적으로 어떤 일이 일어나는지를 예시하고 있다.

✎ **Live code**   **http://jsfiddle.net/domenlightenment/C6qmZ**

```
<!DOCTYPE html>
<html lang="en">
<body>

<div>click me to start event flow</div>

<script>

//1 버블링 단계 도중에 대상 단계가 발생.
document.querySelector('div').addEventListener('click',function()
  {console.log(1);},false);

//2 버블링 단계
document.body.addEventListener('click',function(){console.log(2);},false);
```

```
//3 버블링 단계
document.documentElement.addEventListener('click',function()
  {console.log(3);},false);

//4 버블링 단계
document.addEventListener('click',function(){console.log(4);},false);

//5 버블링 단계
window.addEventListener('click',function(){console.log(5)},false);

</script>
</body>
</html>
```

이 예제 코드에서 <body> element에서 click 이벤트가 발생하면(<div>를 제외한 다른 위치를 클릭), <div>에 연결된 click 이벤트는 호출되지 않으며, 버블링 호출은 <body>에서 시작된다. 이벤트 대상이 더 이상 <div>가 아니라 <body> element이기 때문이다.

Note

최신 브라우저들에서는 캡처 단계 사용을 지원하고 있으므로, 예전에 신뢰할 수 없다고 간주된 것도 요즘에는 가치가 있을 수도 있다. 예를 들어, 이벤트 대상에서 이벤트가 발생하기 전에 이를 가로채는 것이 가능하다. 이번 장에서 이벤트 위임 (delegation) 절을 읽으려면, 이벤트 캡처와 버블링에 대한 개념을 사전에 알고 있어야 한다.

이벤트 수신기 함수에 전달되는 이벤트 개체는 이벤트가 어느 단계에서 호출되었는지를 가리키는 숫자를 가지고 있는 eventPhase 속성을 가진다. 값이 1이면 캡처 단계이며, 2이면 대상 단계, 3이면 버블링 단계를 가리킨다.

11.4 element 노드, window 개체, document 개체에 이벤트 수신기를 추가하기

addEventListener() 메서드는 모든 Element 노드, window 개체, document 개체에 존재하며, DOM 및 브라우저 개체 모델(Browser Object Model, BOM)과 관련된 JavaScript 개체뿐만 아니라 HTML 문서의 일부에도 이벤트 수신기를 추가할 수 있는 기능을 제공한다. 다음 코드에서는 이 메서드를 활용하여 <div> element, document 개체, window 개체에 mousemove 이벤트를 추가한다. 이벤트 흐름 때문에, <div> 위에서 마우스를 움직이면 움직임이 발생할 때마다 세 가지 이벤트 수신기가 모두 호출된다.

✎ **Live code**　　http://jsfiddle.net/domenlightenment/sSFK5

```
<!DOCTYPE html>
<html lang="en">

<body>

<div>mouse over me</div>

<script>

//버블링 단계에서 이벤트가 호출되도록 window 개체에 mousemove 이벤트를 추가한다.
window.addEventListener('mousemove',function()
  {console.log('moving over window');},false);

//버블링 단계에서 이벤트가 호출되도록 document 개체에 mousemove 이벤트를 추가한다.
document.addEventListener('mousemove',function()
  {console.log('moving over document');},false);

/* 버블링 단계에서 이벤트가 호출되도록 <div> element 개체에 mousemove 이벤트를 추가
한다. */
document.querySelector('div').addEventListener('mousemove',function()
  {console.log('moving over div');},false);

</script>
</body>
</html>
```

이전 예제 코드에서 addEventListener( ) 메서드는 세 개의 인수를 받는다. 첫 번째 인수는 수신할 이벤트 형식이다. 이벤트 형식 문자열은 이벤트 핸들러에서 필요로 하는 "on" 접두어(예: onmousemove)를 가지지 않는다는 점에 유의한다. 두 번째 인수는 이벤트가 발생했을 때 호출될 함수다. 세 번째 매개변수는 이벤트가 이벤트 흐름의 캡처 단계에서 발생될지, 버블링 단계에서 발생될지를 가리키는 Boolean 값이다.

Note

addEventListener( )의 사용을 권장하기 위해, 의도적으로 인라인 이벤트 핸들러와 속성 이벤트 핸들러를 다루지 않았다.

통상적으로, 개발자는 DOM으로 이벤트가 버블링되기 전에 개체가 이벤트가 처리하도록 버블링 단계 도중에 이벤트가 발생되기를 원한다. 이 때문에, addEventListener( )의 마지막 인수는 거의 대부분 false 값을 주게 된다. 요즘 브라우저에서는 세 번째 매개변수가 지정되지 않았을 경우, 기본 값이 false가 된다.

XMLHttpRequest 개체에서도 addEventListener( ) 메서드를 사용할 수 있다는 점을 알아두자.

11.5 이벤트 수신기 제거하기

원래 수신기가 익명 함수로 추가되지 않았다면, removeEventListener( ) 메서드를 사용하여 이벤트 수신기를 제거할 수 있다. 다음 코드에서는 HTML 문서에 두 개의 이벤트 수신기를 추가하고, 제거하려고 시도한다. 하지만 함수 참조를 사용하여 연결된 수신기만 제거된다.

✎ Live code	http://jsfiddle.net/domenlightenment/XP2Ug

```
<!DOCTYPE html>
<html lang="en">
<body>

<div>click to say hi</div>

<script >
```

```
var sayHi = function(){console.log('hi')};

//익명 함수를 사용하여 이벤트 수신기를 추가.
document.body.addEventListener('click',function(){console.log('dude');},false);

//함수 참조를 사용하여 이벤트 수신기를 추가.
document.querySelector('div').addEventListener('click',sayHi,false);

/* 이벤트 수신기를 둘 다 제거하려고 시도하나, 함수 참조로 추가된 수신기만 제거
된다. */
document.querySelector('div').removeEventListener('click',sayHi,false);

/* removeEventListener로 전달된 함수는 완전히 새로운 다른 함수이므로, 아래 코
드는 제대로 동작하지 않는다. */
document.body.removeEventListener('click',function(){console.
log('dude');},false);

/* div를 클릭하면 body element에 연결된 click 이벤트가 제거되지 않아 여전히 발
생된다. */

</script>
</body>
</html>
```

addEventListener( ) 메서드를 사용하여 추가된 익명 함수는 제거가 불가능하다.

11.6 이벤트 개체에서 이벤트 속성 얻기

기본적으로, 이벤트에서 호출되는 핸들러나 콜백 함수에는 이벤트와 관련된 모든 정보
를 가지고 있는 매개변수가 전송된다. 다음 코드에서는 이 이벤트 개체에 접근하여, load
이벤트와 click 이벤트의 모든 속성과 값을 출력하는 예를 보여준다. click 이벤트와 관련
된 속성을 보려면 <div>를 클릭해야 한다는 점에 유의한다.

✎ **Live code** http://jsfiddle.net/domenlightenment/d4SnQ

```
<!DOCTYPE html>
<html lang="en">
```

```
<body>

<div>click me</div >

<script>

document.querySelector('div').addEventListener('click',function(event){
Object.keys(event).sort().forEach(function(item){
    console.log(item+' = '+event[item]); //이벤트 속성 및 값을 출력.
});
},false);

//'this'가 window라고 가정.
this.addEventListener('load',function(event){
Object.keys(event).sort().forEach(function(item){
    console.log(item+' = '+event[item]); //이벤트 속성 및 값을 출력.
});
},false);

</script>
</body>
</html>
```

각 이벤트는 이벤트 형식에 따라 약간 다른 속성을 가질 수 있다(예: MouseEvent, KeyboardEvent, WheelEvent).

Note

event 개체는 stopPropagation(), stopImmediatePropagation(), preventDefault() 메서드도 제공한다.

이 책에서 event라는 인수명은 이벤트 개체를 가리킨다. 사실 원하는 아무 이름이나 써도 상관 없으며, e나 evt로 쓰는 것도 흔히 볼 수 있다.

11.7 addEventListener( ) 사용 시 this의 값

addEventListener( ) 메서드에 전달되는 이벤트 수신기 함수 내부에서 this 값은 이벤트
가 연결된 노드나 개체에 대한 참조가 된다. 다음 코드에서는 <div>에 이벤트를 연결한
후, 이벤트 수신기 내에서 this를 사용하여 이벤트가 연결된 <div> element에 대해 접근
한다.

> ✎ **Live code**　　http://jsfiddle.net/domenlightenment/HwKgH

```
<!DOCTYPE html>
<html lang="en">
<body>

<div>click me</div>

<script>

document.querySelector('div').addEventListener('click',function(){
//'this'는 이벤트 수신기가 연결된 element나 노드가 된다.
console.log(this); //'<div>'가 출력됨.
},false);

</script>
</body>
</html>
```

이벤트 흐름의 일부로 이벤트가 호출되면, this 값은 이벤트 수신기가 연결된 노드나 개
체의 값이 된다. 다음 코드에서는 <body>에 click 이벤트 수신기를 연결하였기에 <div>나
<body> 중 아무거나 클릭하더라도 this 값은 항상 <body>를 가리키게 된다.

> ✎ **Live code**　　http://jsfiddle.net/domenlightenment/NF2gn

```
<!DOCTYPE html>
<html lang="en">
<body>

<div>click me</div>
```

```
<script>

//<div>나 <body>를 클릭해도, this 값은 <body> element 노드로 유지된다.
document.body.addEventListener('click',function(){
console.log(this); //<body>...</body>가 출력됨.
},false);

</script>
</body>
</html>
```

추가적으로, event.currentTarget 속성을 사용하여 this 속성이 제공하는 것과 동일하게 이벤트 수신기를 호출하는 노드나 개체에 대한 참조를 얻을 수 있다. 다음 코드에서는 event.currentTarget 이벤트 개체 속성을 활용하여 this와 동일한 값을 반환한다는 것을 보여준다.

<table>
<tr><td>✎ Live code</td><td>http://jsfiddle.net/domenlightenment/uQm3f</td></tr>
</table>

```
<!DOCTYPE html>
<html lang="en">
<body>

<div>click me</div>

<script>

document.addEventListener('click',function(event){
console.log(event.currentTarget); //'#document'가 출력됨.
//동일하게 출력됨.
console.log(this);
},false);

document.body.addEventListener('click',function(event){
console.log(event.currentTarget); //'<body>'가 출력됨.
//동일하게 출력됨.
console.log(this);
```

```
},false);

document.querySelector('div').addEventListener('click',function(event){
console.log(event.currentTarget); //'div'가 출력됨.
//동일하게 출력됨.
console.log(this);
},false);

</script>
</body>
</html>
```

11.8 이벤트가 호출된 노드나 개체가 아닌 이벤트의 대상을 참조

이벤트 흐름 때문에 <body> element 내에 포함된 <div>를 클릭했을 때 <body> element에 연결된 click 이벤트 수신기가 호출되도록 하는 것이 가능하다. 이러한 상황이 발생했을 때, <body>에 연결된 이벤트 수신기 함수에 전달되는 이벤트 개체는 이벤트가 발생된 노드나 개체(즉, 대상)에 대한 참조(event.target)를 제공한다. 다음 코드에서는 <div>가 클릭됐을 때, <body> element의 click 이벤트 수신기가 호출되며, event.target 속성은 click 이벤트의 대상인 원래의 <div>를 참조한다. 이벤트 흐름에서 이벤트의 진원지를 알아야 하므로, event.target은 이벤트가 발생했을 때 매우 유용할 수 있다.

✎ Live code	http://jsfiddle.net/domenlightenment/dGkTQ

```
<!DOCTYPE html>
<html lang="en">
<body>

<div>click me</div>

<script>

document.body.addEventListener('click',function(event){
//<div>가 클릭되면, <div>가 이벤트 흐름에서 대상이므로 '<div>'가 출력된다.
console.log(event.target);
},false);
```

```
    </script>
  </body>
</html>
```

예제 코드에서 <div> 대신 <body> element가 클릭되면, 이벤트 대상과 이벤트 수신기가 호출된 element 노드가 동일하게 된다. 따라서 event.target, this, event.currentTarget 은 모두 <body> element에 대한 참조를 가지게 된다.

11.9 preventDefault( )를 사용하여 기본 브라우저 이벤트를 취소하기

브라우저는 HTML 페이지를 사용자에게 보여줄 때 사전에 구성된 여러 이벤트를 제공한다. 예를 들어, 링크를 클릭하는 것은 관련된 이벤트를 가지고 있다(즉 URL로 이동하게 된다). 체크박스를 클릭하거나(박스가 체크된다), 텍스트 필드에 텍스트를 입력하는 것도(텍스트가 입력되어 스크린에 표시된다) 마찬가지다. 이러한 브라우저 이벤트는 브라우저 기본 이벤트를 호출하는 노드나 개체에 연결된 이벤트 핸들러 함수 내부에서 preventDefault( ) 메서드를 호출해서 막을 수 있다. 다음 코드에서는 <a>, <input>, <textarea>에서 발생하는 기본 이벤트를 막는다.

| ✎ Live code | http://jsfiddle.net/domenlightenment/Ywcyh |

```
<!DOCTYPE html>
<html lang="en">
<body>

<a href="google.com">no go</div>

<input type="checkbox" />

<textarea></textarea>

<script>

document.querySelector('a').addEventListener('click',function(event){
event.preventDefault(); //url을 로드하는 <a>의 기본 이벤트를 중지시킴.
```

```
},false);

document.querySelector('input').addEventListener('click',function(event){
event.preventDefault();  //체크박스 상태를 전환하는 체크박스의 기본 이벤트를 중지시킴.
},false);

document.querySelector('textarea').addEventListener('keypress',function(event){
event.preventDefault();  //입력한 문자를 추가하는 textarea의 기본 이벤트를 중지시킴.
},false);

/* 이 html 문서 내에서 링크를 클릭하면, 기본 이벤트는 중지되었지만 이벤트 버블링은 중지되
지 않았으므로, 이벤트가 여전히 전파된다는 것에 유의한다. */
document.body.addEventListener('click',function(){
console.log('the event flow still flows!');
},false);

</script>
</body>
</html>
```

이 예제 코드에서는 element에 대한 기본 이벤트가 발생하는 것을 막아 두었기 때문에, 링크를 클릭하거나 체크박스를 체크하거나 텍스트 입력 영역에 입력을 하더라도 실패하게 된다.

Note

preventDefault() 메서드는 이벤트가 전파되는 것(버블링이나 캡처 단계)을 중지시키지는 않는다.

이벤트 수신기의 끝부분에서 false를 반환하면 preventDefault() 메서드를 호출하는 것과 동일한 결과를 가진다.

이벤트 수신기 함수에 전달되는 이벤트 개체는 이벤트가 preventDefault() 메서드에 응답하여 기본 동작을 취소할 것인지를 가리키는 cancelable이라는 Boolean 속성을 가진다.

이벤트 수신기 함수에 전달되는 이벤트 개체는 버블링 이벤트에 대해 preventDefault()가 호출된 경우 true 값을 가지는 defaultPrevented 속성을 가진다.

11.10 stopPropagation( )을 사용하여 이벤트 흐름을 중지시키기

이벤트 핸들러/수신기 내에서 stopPropagation( )을 호출하면 캡처/버블링 이벤트 흐름 단계가 중지되지만, 노드나 개체에 직접 연결된 이벤트는 여전히 호출된다. 다음 코드에서는 <div>를 클릭했을 때 이벤트가 DOM으로 버블링되지 않도록 중지시켜서 <body>에 연결된 onclick 이벤트가 절대 호출되지 않는다.

✎ **Live code**   http://jsfiddle.net/domenlightenment/RFKmA

```
<!DOCTYPE html>
<html lang="en">
<body>

<div>click me</div>

<script>

document.querySelector('div').addEventListener('click',function(){
console.log('me too, but nothing from the event flow!');
},false);

document.querySelector('div').addEventListener('click',function(event){
console.log('invoked all click events attached, but cancel capture and
  bubble event phases');
event.stopPropagation();
},false);

document.querySelector('div').addEventListener('click',function(){
console.log('me too, but nothing from the event flow!');
},false);

/* <div>가 클릭되어도 <div>에 연결된 이벤트에서 캡처 및 버블 흐름을 중지시켰기에, 아래 이
벤트가 호출되지 않는다. */
document.body.addEventListener('click',function(){
console.log('What, denied from being invoked!');
},false);
```

```
</script>
</body>
</html>
```

\<div>에 연결된 다른 click 이벤트는 여전히 호출된다. 추가적으로, stopPropagation()
은 기본 이벤트를 막지 않는다. 코드 예제에서 \<div>가 href 값을 가진 \<a>였으면,
stopPropagation을 호출하더라도 브라우저 기본 이벤트가 호출되는 것을 막지 못했을
것이다.

11.11 stopImmediatePropagation( )을 사용하여 동일한 대상의 이벤트 흐름뿐만 아니라 다른 유사 이벤트도 중지시키기

이벤트 핸들러/수신기 내에서 stopImmediatePropagation( )을 호출하면, 이벤트 흐름 단
계를 중지시키는 것(즉 stopPropagation( )) 뿐만 아니라, stopImmediatePropagation( )
메서드를 호출한 이벤트 수신기 이후에 연결되어 호출되는 이벤트 대상의 다른 유사한
이벤트도 중지시킨다. 다음의 예제 코드에서, \<div>에 연결된 두 번째 이벤트 수신기에
서 stopImmediatePropagation()을 호출하면, 후속되는 click 이벤트가 발생되지 않는다.

✎ **Live code**	http://jsfiddle.net/domenlightenment/znSjM

```
<!DOCTYPE html>
<html lang="en">
<body>

<div>click me</div>

<script>

//첫 번째 이벤트 연결.
document.querySelector('div').addEventListener('click',function(){
console.log('I get invoked because I was attached first');
},false);

//두 번째 이벤트 연결.
document.querySelector('div').addEventListener('click',function(event){
```

```
console.log('I get invoked, but stop any other click events on this target');
event.stopImmediatePropagation();
},false);

/* 세 번째 이벤트가 연결되나, 앞에서 stopImmediatePropagation()에 호출되어 이 이벤트
가 발생되지 않는다. */
document.querySelector('div').addEventListener('click',function(){
console.log('I get stopped from the previous click event listener');
},false);

//stopPropagation이 호출된 것처럼 이벤트 흐름 역시 취소된다.
document.body.addEventListener('click',function(){
console.log('What, denied from being invoked!');
},false);

</script>
</body>
</html>
```

Note

stopImmediatePropagation()을 사용하더라도 기본 이벤트는 막지 않는다. 브라우저 기본 이벤트는 여전히 호출되며, preventDefault()를 호출해야만 이 이벤트를 막을 수 있다.

11.12 사용자 정의 이벤트

개발자는 사전 정의된 이벤트 형식만으로 제한받지 않는다. addEventListener() 메서드를 document.createEvent(), initCustomEvent(), dispatchEvent()와 조합해서 사용하면 사용자 정의 이벤트를 연결해서 호출할 수 있다. 다음 코드에서는 goBigBlue라는 사용자 정의 이벤트를 생성해서 호출한다.

```
<!DOCTYPE html>
<html lang="en">
<body>

<div>click me</div>

<script>

var divElement = document.querySelector('div');

//사용자 정의 이벤트 생성.
var cheer = document.createEvent('CustomEvent'); /* 'CustomEvent' 매개변수가 필
                                                    요함. */

//사용자 정의 이벤트에 대한 이벤트 수신기 생성.
divElement.addEventListener('goBigBlue',function(event){
    console.log(event.detail.goBigBlueIs)
},false);

/* initCustomEvent 메서드를 사용하여 사용자 정의 이벤트를 상세하게 설정한다.
initCustomEvent의 매개변수는 event, bubble?, cancelable?, event.detail로 전달될
값이다.
cheer.initCustomEvent('goBigBlue',true,false,{goBigBlueIs:'its gone!'});

//dispatchEvent를 사용하여 사용자 정의 이벤트를 호출.
divElement.dispatchEvent(cheer);

</script>
</body>
</html>
```

Note

IE9은 initCustomEvent()에서 4번째 매개변수를 필요로 하며, 선택이 아니다.
DOM4 사양서에서는 사용자 정의 이벤트의 주기를 단순화시켜주는 CustomEvent()
생성자가 추가되었지만, IE9에서는 지원되지 않으며, 이 글을 쓰는 도중에도 유동적
이다.

11.13 마우스 이벤트 시뮬레이션/트리거링

이벤트를 시뮬레이션하는 것은 사용자 정의 이벤트와 별반 다를 바 없다. 마우스 이벤트를 시뮬레이션하려면, document.createEvent( )를 사용하여 MouseEvent를 생성한 후 initMouseEvent( )를 사용하여 발생할 마우스 이벤트를 구성한다. 다음으로, 이벤트를 시뮬레이션하고자 하는 element(예: HTML 문서 내의 <div>)에 전달한다. 다음 코드에서는 페이지 내의 <div>에 click 이벤트를 연결한다. <div>를 클릭해서 click 이벤트를 발생시키는 대신, 마우스 이벤트를 프로그래밍적으로 구성해서 이벤트를 트리거링/시뮬레이션하여 <div>에 전달한다.

✎ **Live code** http://jsfiddle.net/domenlightenment/kx7zJ

```
<!DOCTYPE html>
<html lang="en">
<body>

<div>no need to click, we programmatically trigger it</div>

<script>

var divElement = document.querySelector('div');

//시뮬레이션할 click 이벤트를 구성.
divElement.addEventListener('click',function(event){
    console.log(Object.keys(event));
},false);

//시뮬레이션된 'click' 마우스 이벤트 생성.
var simulateDivClick = document.createEvent('MouseEvents');

/* 시뮬레이션된 마우스 'click'을 구성.
initMouseEvent(type,bubbles,cancelable,view,detail,screenx,screeny,clientx,clienty,ctrlKey,altKey,shiftKey,metaKey,button,relatedTarget) */
simulateDivClick.initMouseEvent(
   'click',true,true,document.defaultView,0,0,0,0,0,false,false,false,0,null,null);
```

```
//시뮬레이션된 click 이벤트 발생.
divElement.dispatchEvent(simulateDivClick);

</script>
</body>
</html>
```

Note

이 글을 쓰는 시점에, 마우스 이벤트를 시뮬레이션/트리거시키는 것은 최신 브라우저에서 모두 작동된다. 다른 이벤트 형식을 시뮬레이션하는 것은 보다 복잡해질 수 있으므로, simulate.js나 jQuery(예: jQuery의 trigger() 메서드)를 활용하는 것이 필요해질 것이다.

11.14 이벤트 위임

이벤트 위임(delegate)은 간단히 말해 이벤트 흐름을 활용하여 단일 이벤트 수신기가 여러 개의 이벤트 대상을 처리할 수 있게 하는 프로그래밍 행위를 말한다. 이벤트 위임의 부수 작용은 이벤트가 생성될 때 이벤트에 응답하기 위해 이벤트 대상이 DOM 내에 있을 필요가 없다는 것이다. 이는 DOM을 업데이트하는 XHR 응답을 처리할 때보다 편리해진다. 이벤트 위임을 구현함으로써, JavaScript가 로드되어 해석된 후에 새로운 콘텐츠가 DOM에 추가되어도 즉시 이벤트에 응답할 수 있게 된다. 무한한 개수의 행과 열을 가진 테이블이 있다고 가정해보자. 이벤트 위임을 사용하면, 이벤트의 최초 대상인 노드나 개체에 대해 위임으로 동작하는 단일 이벤트 수신기를 <table> 노드에 추가할 수 있다. 다음의 예제 코드에서는 이벤트의 대상인 <td> 중 아무것이나 클릭하면, 해당 이벤트를 <table>의 click 수신기로 위임한다. 이것이 가능한 이유는 이벤트 흐름 때문이며, 특히 그 중에서 버블링 단계임을 잊지 말기 바란다.

✎ **Live code** http://jsfiddle.net/domenlightenment/BRkVL

```
<!DOCTYPE html>
<html lang="en">
<body>
```

```
<p>Click a table cell</p>

<table border="1">
    <tbody>
        <tr><td>row 1 column 1</td><td>row 1 column 2</td></tr>
        <tr><td>row 2 column 1</td><td>row 2 column 2</td></tr>
        <tr><td>row 3 column 1</td><td>row 3 column 2</td></tr>
        <tr><td>row 4 column 1</td><td>row 4 column 2</td></tr>
        <tr><td>row 5 column 1</td><td>row 5 column 2</td></tr>
        <tr><td>row 6 column 1</td><td>row 6 column 2</td></tr>
    </tbody>
</table>

<script>

document.querySelector('table').addEventListener('click',function(event){
    if(event.target.tagName.toLowerCase() === 'td'){ /* 대상이 td인 경우에만 코드
                                                        를 실행한다. */
        console.log(event.target.textContent); /* event.target을 사용하여 이벤트
                                                   대상(td)에 대해 접근을 얻는다. */
    }
},false);

</script>
</body>
</html>
```

예제 코드에서 테이블에 새로운 행을 추가하면 화면에 렌더링되자마자 click 이벤트에
반응하게 되는데, click 이벤트가 <table> element 노드로 위임되기 때문이다

Note

이벤트 위임은 click, mousedown, mouseup, keydown, keyup, keypress 이벤트 형
식을 처리할 때 활용하면 이상적이다.

12장

dom.js 만들기: 최신 브라우저용 jQuery 유사 DOM 라이브러리

12.1 dom.js 개요

이 책에서 얻은 정보와 지식을 활용하여 dom.js라는 jQuery와 유사한 DOM 라이브러리를 위한 기반을 구축해보자. dom.js는 DOM 노드를 선택하고 무엇인가를 수행하기 위한 라이브러리의 기반으로 생각하면 된다. dom.js 코드는 DOM에서 무엇인가를 선택(혹은 생성)한 후 어떤 작업을 수행한다는 측면에서 jQuery와 별반 다르지 않다. jQuery나 element를 선택하기 위한 다른 DOM 유틸리티에 익숙하다면, 다음의 dom( ) 함수 예제들이 별로 낯설지 않을 것이다.

```
//문서 내의 첫번째 ul에서 모든 li를 선택하고 첫번째 li의 innerHTML을 가져옴.
dom('li','ul').html();

//document fragment를 사용하여 html 구조를 생성하고 ul의 innerHTML을 가져옴.
dom('<ul><li>hi</li></ul>').html()
```

대부분의 독자들에게 이번 장은 이 책에서 얻은 정보를 JavaScript DOM 라이브러리에 적용하는 실습에 불과하다. 어떤 사람들에게는 jQuery 자체와 오늘날의 JavaScript 프레임워크들에서 사용되는 DOM 조작 로직에 대한 실마리를 제공한다. 결과적으로는 이번 실습이 독자들에게 필요할 경우 자신만의 미니 DOM 추상화 계층을 만드는 데 도움이 되기를 바란다. 그러면 이제 시작해보자.

12.2 고유 범위 만들기

전역 범위로부터 dom.js 코드를 보호하기 위해, 먼저 dom.js 코드가 전역 범위와의 충돌에 대한 위협 없이 실행 및 동작할 수 있도록 고유 범위를 만들 것이다. 다음 코드에서는 표준적인 즉시 호출 함수식(Immediately-Invoked Function Expression, IIFE)을 만든다. IIFE가 호출될 때, global의 값은 현재 전역 범위(즉 window)로 설정된다.

✎ **GitHub code**   https://github.com/codylindley/domjs/blob/master/builds/dom.js

```
(function(win){

var global = win;
var doc = this.document;

}}(window);
```

IIFE 내부에서는 window와 document 개체(doc)를 보다 빨리 접근할 수 있도록 이 개체들에 대한 참조를 설정한다.

12.3 dom( )과 GetOrMakeDom()을 생성하고 dom( )과 GetOrMakeDom.prototype을 전역으로 노출시키기

jQuery에서 했던 것과 마찬가지로, 함수로 전달되는 매개변수를 기반으로 DOM 노드에 대해 체인화되고 래핑된 집합(예: {0:ELEMENT_NODE,1:ELEMENT_ NODE,length:2}와 같은 유사 배열 개체)을 반환하는 함수를 만들 것이다. 다음 코드에서는 dom( ) 함수와 매개변수를 설정한다. 이 매개변수는 GetOrMakeDom 생성자 함수로 전달되어 DOM 노드를 반환하는 개체를 반환하며, dom( )이 이를 반환한다.

✎ **GitHub code**   https://github.com/codylindley/domjs/blob/master/builds/dom.js

```
(function(win ){

var global = win;
var doc = global.document;
```

```
var dom = function(params,context){
    return new GetOrMakeDom(params,context);
};

var GetOrMakeDom = function(params,context){

};

})(window);
```

IIFE에 의해 구성되는 private 범위 외부에서 dom( ) 함수가 접근/호출될 수 있게 하려면, 전역 범위에 해당 함수를 노출(즉 참조를 생성)해야 한다. 전역 범위에 dom이라는 속성을 생성하고, 이 속성이 로컬 dom( ) 함수를 가리키게 함으로써 이를 수행할 수 있다. 전역 범위에서 dom에 접근하면, 로컬 범위를 가지는 dom( ) 함수를 가리키게 된다. 다음 코드에서 global.dom = dom;이 이 트릭을 수행한다.

GitHub code   https://github.com/codylindley/domjs/blob/master/builds/dom.js

```
(function(win){

var global = win;
var doc = global.document;
var dom = function(params,context){
    return new GetOrMakeDom(params,context);
};

var GetOrMakeDom = function(params,context){

};

//dom을 전역 범위로 노출.
global.dom = dom;

})(window);
```

마지막으로 해야 할 것은 GetOrMakeDom.prototype 속성을 전역 범위로 노출하는 것이다. jQuery와 마찬가지로(예: jQuery.fn), dom.fn으로부터 GetOrMakeDom.prototype

으로의 단축 경로를 제공할 것이다. 이 내용은 다음 코드에 나와 있다.

```
(function(win){

var global = win;
var doc = global.document;
var dom = function(params,context){
    return new GetOrMakeDom(params,context);
};

var GetOrMakeDom = function(params,context){

};

//dom을 전역 범위로 노출.
global.dom = dom;

//protype에 대한 단축 경로.
dom.fn = GetOrMakeDom.prototype;

})(window);
```

이제 dom.fn에 연결되는 것은 실제로 GetOrMakeDom.prototype 개체의 속성이 되고, GetOrMakeDom 생성자 함수로부터 만들어지는 모든 개체 인스턴스에 대해 속성 찾아보기를 통해 상속된다.

Note

GetOrMakeDom 함수는 new 연산자로 호출된다. New 연산자를 사용해서 이 함수가 호출될 때 무슨 일이 일어나는지를 이해해야 한다.

12.4 dom( )에 전달되는 선택적인 Context 매개변수 생성하기

dom( )이 호출될 때 GetOrMakeDom 함수도 호출되며, dom( )에 전달된 매개변수가 그대로 전달된다. GetOrMakeDom 생성자가 호출될 때, 가장 먼저 해야 할 것은 컨텍스트를 결정하는 것이다. DOM에서 작업할 컨텍스트는 노드나 노드 자체에 대한 참조를 선택하는 데 사용되는 선택자 문자열을 전달하여 설정할 수 있다. dom() 함수에 컨텍스트를 전달하면, DOM 트리의 특정 브랜치에서 element 노드를 탐색하도록 제한할 수 있게 된다. 이 컨텍스트는 jQuery나 $ 함수에 전달되는 두 번째 매개변수와 거의 동일하다. 다음 코드에서는 전역 범위에서 발견되는 현재 문서로 컨텍스트의 기본 값을 설정한다. 컨텍스트 매개변수가 존재하면, 이 매개변수가 무엇인지를 판별(문자열 혹은 노드)하고, 컨텍스트에 노드를 전달하거나 querySelectorAll()을 통해 노드를 선택한다.

✎ **GitHub code**   **https://github.com/codylindley/domjs/blob/master/builds/dom.js**

```
(function(win){

var global = win;
var doc = global.document;
var dom = function(params,context){
    return new GetOrMakeDom(params,context);
};


var GetOrMakeDom = function(params,context){

    var currentContext = doc;
        if(context){
            if(context.nodeType){ //문서 노드 혹은 element 노드 중 하나.
                currentContext = context;
            }else{ //문자열 선택자인 경우, 노드를 선택하는 데 사용.
                currentContext = doc.querySelector(context);
            }
        }
} ;

//dom을 전역 범위로 노출.
global.dom = dom;

dom.fn = GetOrMakeDom.prototype;

})(window);
```

context 매개변수 로직이 구성되었으므로, 다음으로 실제 노드를 선택하거나 노드를 생성하는 데 사용되는 params 매개변수를 처리하는 데 필요한 로직을 추가한다.

12.5 params를 기반으로 DOM 노드 참조를 가진 개체를 채워 반환

dom()에 전달된 후 getOrMakeDom()에 전달되는 params 매개변수의 형식은 다양하다. jQuery와 유사하게, 전달되는 값 형식은 다음 중 하나가 될 수 있다.

- CSS 선택자 문자열 (예: dom('body'))
- HTML 문자열 (예: dom('<p>Hello</p><p> World!</p>'))
- Element 노드 (예: dom(document.body))
- element 노드의 배열 (예: dom([document.body]))
- NodeList (예: dom(document.body.children))
- HTMLcollection (예: dom(document.all))
- dom() 개체 자신 (예: dom(dom()))

params를 전달하면 결과적으로 DOM이나 document fragment 내의 노드에 대한 참조를 가진 체인화된 개체(예: {0:ELEMENT_NODE,1:ELEMENT_NODE,length:2})를 생성하게 된다. 앞에서 언급된 각 매개변수가 노드 참조를 가진 개체를 만들어내는 데 어떻게 사용되는지 알아보도록 하자.

이렇게 다양한 매개변수 형식을 허용하기 위한 로직은 다음 코드에 나와 있는데, params가 undefined나 빈 문자열 혹은 공백으로 된 문자열이 아닌지를 검증하는 것부터 시작한다. 이 경우, GetOrMakeDom을 호출하여 생성된 개체에 값이 0인 length 속성을 추가해서 개체를 반환하여 함수 실행을 종료시킨다. params가 false 혹은 false와 유사한 값이 아닌 경우, 함수가 계속 실행된다.

다음으로 params 값이 문자열인 경우 HTML을 포함하고 있는지 검사된다. 문자열이 HTML을 포함하고 있으면, document fragment가 생성되고 DOM 구조로 변환될 수 있도록 해당 문자열은 document fragment 내에 포함된 <div>의 innerHTML 값으로 사용된다. HTML 문자열이 노드 트리로 변환되면, 최상위 노드에 접근하여 해당 구조에 대해 루프를 돌면서 노드에 대한 참조가 GetOrMakeDom이 생성하는 개체로 전달된다. 문자열이 HTML을 포함하고 있지 않으면, 함수가 계속 실행된다.

다음 검사는 params가 단일 노드에 대한 참조인지를 검사하고, 이 경우 노드에 대한 참조를 개체로 감싸서 반환한다. 그렇지 않은 경우에는 params 값이 HTML 컬렉션, 노드 리스트, 문자열 선택자, 혹은 dom()에서 생성된 개체라고 단정할 수 있다. 문자열 선택자인 경우에는 currentContext에서 querySelectorAll() 메서드를 호출하여 노드 리스트가 생성된다. 문자열 선택자가 아닌 경우 HTML 컬렉션, 노드 리스트, 배열, 개체에 대해 루프를 돌면서 노드 참조를 추출하고, 해당 참조를 GetOrMakeDom를 호출 시 반환되는 개체 내에 포함되는 값으로 사용한다.

GetOrMakeDom() 함수 내의 이 모든 로직은 다소 과도해 보일 수도 있는데, 생성자 함수에서 노드에 대한 참조를 포함하고 있는 개체가 생성되고 이 개체가 dom()으로 반환된다고 생각하면 된다.

✎ **GitHub code**   **https://github.com/codylindley/domjs/blob/master/builds/dom.js**

```
(function(win){

var global = win;
var doc = global.document;
var dom = function(params,context){
    return new GetOrMakeDom(params,context);
};

var regXContainsTag = /^\s*<(\w+|!)[^>]*>/;

var GetOrMakeDom = function(params,context){

    var currentContext = doc;
    if(context){
        if(context.nodeType){
            currentContext = context;
        }else{
            currentContext = doc.querySelector(context);
        }
    }
```

```javascript
//params가 없으면 빈 dom() 개체를 반환.
if(!params || params === '' ||
   typeof params === 'string' && params.trim() === ''){
      this.length = 0;
      return this;
}
```

//HTML 문자열인 경우, domfragment를 생성하고 개체를 채워 반환.

```javascript
if(typeof params === 'string' && regXContainsTag.test(params)){
   //html 문자열이 확실함.
   /* div와 docfrag를 생성해서 div를 docfrag에 추가한 후, div의 innerHTML을 문
      자열로 설정한 후 첫 번째 자식을 가져옴. */
   var divElm = currentContext.createElement('div');
   divElm.className = 'hippo-doc-frag-wrapper';
   var docFrag = currentContext.createDocumentFragment();
   docFrag.appendChild(divElm);
   var queryDiv = docFrag.querySelector('div');
   queryDiv.innerHTML = params;
   var numberOfChildren = queryDiv.children.length;
   /* html 문자열이 자식들과 함께 전달될 수 있으므로 nodelist에서 루프를 돌며 개체
      를 채움. */
   for (var z = 0; z < numberOfChildren; z++){
      this[z] = queryDiv.children[z];
   }
   //개체에 length 값을 부여.
   this.length = numberOfChildren;
   //개체를 반환.
   return this; //예를 들어, {0:ELEMENT_NODE,1:ELEMENT_NODE,length:2}를 반환.
}
```

//단일 노드 참조가 전달된 경우, 개체를 채워서 반환.

```javascript
if(typeof params === 'object' && params.nodeName){
   this.length = 1;
   this[0] = params;
   return this;
}
```

```
/* 개체이지만 노드가 아닌 경우, 노드 리스트나 배열로 가정한다. 그렇지 않은 경우 문자열
   선택자이므로 노드 리스트를 만든다. */
var nodes;
if(typeof params !== 'string'){ //노드 리스트나 배열.
    nodes = params;
}else{ //문자열임.
    nodes = currentContext.querySelectorAll(params.trim());
}
//위에서 생성된 배열이나 노드 리스트에 대해 루프를 돌면서 개체를 채움.
var nodeLength = nodes.length;
for (var i = 0; i < nodeLength; i++) {
    this[i] = nodes[i];
}
//개체에 length 값을 부여.
this.length = nodeLength;
//개체를 반환.
return this; //예를 들어, {0:ELEMENT_NODE,1:ELEMENT_NODE,length:2}}를 반환.

};

//dom을 전역 범위로 노출.
global.dom = dom;

//prototype에 대한 단축 경로.
dom.fn = GetOrMakeDom.prototype;

})(window);
```

12.6 each() 메서드를 생성하고 체인화된 메서드로 만들기

dom()을 호출하면, prototype 상속을 사용하여 dom.fn에 연결된 것에 접근할 수 있다(예: dom().each()). jQuery와 별반 다르지 않게, dom.fn에 연결된 메서드는 GetOrMakeDom 생성자 함수에서 생성된 개체상에서 동작한다. 다음 코드에서는 each() 메서드를 구성한다.

```
dom.fn.each = function (callback) {
    var len = this.length; /* dom() 호출 시 getOrMakeDom()에서 생성되어 반환되는
                              특정 인스턴스. */
    for(var i = 0; i < len; i++){
        //this 값을 element 노드로 설정한 후 매개변수로 전달해서 콜백 함수 호출.
        callback.call(this[i], i, this[i]);
    }
}
```

예상하듯이, each() 메서드는 매개변수로 콜백 함수를 받아 getOrMakeDom 개체 인스턴
스의 각 노드 element에 대해 해당 함수를 호출한다(this 값을 call()의 element 노드 개
체로 설정). each() 함수 내의 this 값은 getOrMakeDom 개체 인스턴스에 대한 참조다
(예: {0: ELE MENT_NODE,1:ELEMENT_NODE,length:2}).

메서드가 값을 반환(예: dom().length는 length를 반환)하지 않으면, 특정 값 대신 개
체를 반환하여 메서드를 체인화할 수 있다. 기본적으로 GetOrMakeDom 개체를 반환하
므로, 이 개체 인스턴스에 대해 다른 메서드를 호출하는 것이 가능하다. 다음 코드에서
는 each() 메서드를 체인화해서 each()를 호출한 후 다른 메서드를 더 호출할 수 있도록
this를 반환한다. 다음의 코드에서 this는 getOrMakeDom 함수를 호출하여 생성되는 개
체 인스턴스다.

```
dom.fn.each = function (callback) {
    var len = this.length;
    for(var i = 0; i < len; i++){
        callback.call(this[i], i, this[i]);
    }
    return this; /* 예를 들어, {0:ELEMENT_NODE,1:ELEMENT_NODE,length:2}를 반환하
                    여 체인화가 가능하게 한다. */
} ;
```

12.7 html( ), append( ), text( ) 메서드 만들기

핵심이 되는 each( ) 메서드를 생성해서 암시적인 반복이 가능해졌으므로, 이제 HTML 문서에서 선택하거나 document fragment를 사용하여 생성한 노드에 대해 동작하는 몇 가지 dom( ) 메서드들을 만들 수 있게 되었다. 우리가 만들어볼 세 가지 메서드는 다음과 같다.

- html( ) / html('html 문자열')
- text( ) / text('텍스트 문자열')
- append('html | 텍스트 | dom( ) | 노드 리스트/HTML 컬렉션 | 노드 | 배열')

html( )과 text( ) 메서드는 매우 유사한 패턴을 따른다. 매개변수 값을 가지고 메서드가 호출되면, dom.fn.each( )를 사용하여 getOrMakeDom 개체 인스턴스 내의 각 element 노드에 대해 루프를 돌면서 innerHTML 값이나 textContent 값을 설정한다. 매개변수가 전달되지 않은 경우, 단순히 getOrMakeDom 개체 인스턴스 내의 첫번째 element 노드의 innerHTML 또는 textContent 값을 반환한다. 다음 코드 예제에서는 이 로직에 대한 코드를 볼 수 있다.

✎ **GitHub code**   **https://github.com/codylindley/domjs/blob/master/builds/dom.js**

```
dom.fn.html = function(htmlString){
    if(htmlString){
        return this.each(function(){  /* 매개변수를 가지고 전달된 경우 체인화가 가능
                                          하도록 this를 반환. */
            this.innerHTML = htmlString;
        });
    }else{
        return this[0].innerHTML;
    }
};

dom.fn.text = function(textString){
    if(textString){
        return this.each(function(){  /* 매개변수를 가지고 전달된 경우 체인화가 가능
                                          하도록 this를 반환. */
```

```
            this.textContent = textString;
        });
    }else{
        return this[0].textContent.trim();
    }
};
```

append( ) 메서드는 HTML 문자열, 텍스트 문자열, dom( ) 개체, 노드 리스트/HTML 컬렉션, 단일 노드, 노드 배열을 받아 insertAdjacentHTML을 활용하여 선택된 노드에 추가한다.

✎ GitHub code   **https://github.com/codylindley/domjs/blob/master/builds/dom.js**

```
dom.fn.append = function(stringOrObject){
    return this.each(function(){
        if(typeof stringOrObject === 'string'){
            this.insertAdjacentHTML('beforeend',stringOrObject);
        }else{
            var that = this;
            dom(stringOrObject).each(function(name,value){
                that.insertAdjacentHTML('beforeend',value.outerHTML);
            });
        }
    });
};
```

12.8 dom.js 테스트

dom.js를 개발하는 동안, 테스트 프레임워크 외부에서 실행해볼 수 있도록 매우 간단한 QUnit 테스트를 만들었다(https://github.com/codylindley/domjs/tree/master/test). 하지만 테스트 프레임워크를 실행해서 dom.js가 동작하는 것을 볼 수도 있다(https://github.com/codylindley/domjs/blob/master/test/index.html). 다음 코드는 이번 장에서 만든 코드에 대한 데모다.

```html
<!DOCTYPE html>
<html lang="en">
<body>

<ul>
<li>1</li>
<li>2</li>
<li>3</li>
</ul>

<script src =
  "https://raw.github.com/codylindley/domjs/master/builds/dom.js">
</script>
<script>

//dom()
console.log(dom());
console.log(dom(''));
console.log(dom('body'));
console.log(dom('<p>Hello</p><p> World!</p>'));
console.log(dom(document.body));
console.log(dom([document.body, document.body]));
console.log(dom(document.body.children));
console.log(dom(dom('body')));

//dom().html()
console.log(dom('ul li:first-child').html('one'));
console.log(dom('ul li:first-child').html() === 'one');

//dom().text()
console.log(dom('ul li:last-child').text('three'));
console.log(dom('ul li:last-child').text() === 'three');

//dom().append()
dom('ul').append('<li>4</li>');
dom('ul').append(document.createElement('li'));
```

```
dom('ul').append(dom('li:first-child'));

</script>
</body>
</html>
```

12.9 요약 및 dom.js를 계속 진행하기

이번 장은 jQuery와 유사한 DOM 라이브러리를 위한 기반을 만드는 것에 대한 내용이었다. jQuery와 유사한 DOM 라이브러리에 대해 블록을 추가하는 것을 계속 공부하고 싶다면, 최신 브라우저용 jQuery DOM 메서드를 새로 만드는 것을 연습해볼 수 있는 hippo.js를 확인해보기 바란다. dom.js와 hippo.js는 grunt, QUnit, JS Hint를 사용하고 있는데, 직접 JavaScript 라이브러리를 만드는 경우 반드시 살펴보도록 강력하게 추천한다. 언급한 개발 도구 외에도 "Designing Better JavaScript APIs"(http://coding.smashingmagazine.com/2012/10/09/designing-javascript-apis-usability/)를 꼭 읽어보도록 권장한다. 이제 DOM을 위한 무엇인가를 만들어보도록 하자.

가치에 대한 완전한 이해

DOM을 깨우치다

초판 1쇄 발행   2013년 11월 22일

지은이   코디 린들리
옮긴이   안재우

발행인   김범준
편집디자인   이가희
교정/교열   조유경

발행처   비제이퍼블릭
출판신고   2009년5월1일 제300-2009-38호
주소   서울시 종로구 내수동 73 경희궁의아침 4단지 오피스텔 #1004
주문/문의 전화 02-739-0739   **팩 스**   02-6442-0739
홈페이지   http://bjpublic.co.kr   **이메일**   bjpublic@bjpublic.co.kr

가격   20,000원
ISBN   978-89-94774-51-0